应用型本科院校"十三五"规划教材/经济管理类

Business operation simulation training course

企业商战运营模拟实训教程

主　编　梁凤霞　王　惠
副主编　尚红岩　陈博雅　赵　虹

哈尔滨工业大学出版社
HARBIN INSTITUTE OF TECHNOLOGY PRESS

内容简介

本书以模拟企业为主体,内容上以理论为基础,模拟企业整体运营规则;形式上把企业运营所处的内外部环境抽象为市场与经营规则,由受训者组成数个相互竞争的管理团队并扮演着不同的角色,共同面对变化的市场竞争环境,参与到企业模拟运营的全过程之中,充分展示多角度的策略分析战略。

第1~4章在介绍ERP沙盘模拟的起源与意义的基础上,着重介绍商战实践平台的使用及教学组织与管理;第5章介绍如何认识与剖析企业经营以及沙盘模拟的常用战术与战略;附录列举了不同赛事的规则和参赛选手的实战总结。

本书立足教学,突出实用性,可作为"ERP沙盘模拟"课程的实训教程,对广大ERP沙盘模拟爱好者也具有一定的参考价值。

图书在版编目(CIP)数据

企业商战运营模拟实训教程/梁凤霞,王惠主编. —哈尔滨:哈尔滨工业大学出版社,2016.7
 ISBN 978-7-5603-5976-2

Ⅰ.①企… Ⅱ.①梁… ②王… Ⅲ.①企业管理—高等学校—教材 Ⅳ.①F270

中国版本图书馆 CIP 数据核字(2016)第 084682 号

策划编辑	杜 燕
责任编辑	苗金英
出版发行	哈尔滨工业大学出版社
社　　址	哈尔滨市南岗区复华四道街10号 邮编150006
传　　真	0451-86414749
网　　址	http://hitpress.hit.edu.cn
印　　刷	黑龙江艺德印刷有限责任公司
开　　本	787mm×1092mm 1/16 印张 12.5 字数 248 千字
版　　次	2016年7月第1版 2016年7月第1次印刷
书　　号	ISBN 978-7-5603-5976-2
定　　价	24.80元

(如因印装质量问题影响阅读,我社负责调换)

《应用型本科院校"十三五"规划教材》编委会

主　任　修朋月　竺培国
副主任　张金学　吕其诚　线恒录　李敬来　王玉文
委　员　（按姓氏笔画排序）
　　　　　丁福庆　于长福　马志民　王庄严　王建华
　　　　　王德章　刘金祺　刘宝华　刘通学　刘福荣
　　　　　关晓冬　李云波　杨玉顺　吴知丰　张幸刚
　　　　　陈江波　林　艳　林文华　周方圆　姜思政
　　　　　庹　莉　韩毓洁　蔡柏岩　臧玉英　霍　琳

《财经类技术应用系列教材》编委会

主　　任　线恒录　李英琦

副 主 任　梁凤霞　陈红梅

　　　　　田凤萍　高景海

委　　员　王春燕　盛文平

　　　　　刘莹莹　尚红岩

　　　　　李　刚

总 序

哈尔滨工业大学出版社策划的《应用型本科院校"十三五"规划教材》即将付梓,诚可贺也。

该系列教材卷帙浩繁,凡百余种,涉及众多学科门类,定位准确,内容新颖,体系完整,实用性强,突出实践能力培养。不仅便于教师教学和学生学习,而且满足就业市场对应用型人才的迫切需求。

应用型本科院校的人才培养目标是面对现代社会生产、建设、管理、服务等一线岗位,培养能直接从事实际工作、解决具体问题、维持工作有效运行的高等应用型人才。应用型本科与研究型本科和高职高专院校在人才培养上有着明显的区别,其培养的人才特征是:①就业导向与社会需求高度吻合;②扎实的理论基础和过硬的实践能力紧密结合;③具备良好的人文素质和科学技术素质;④富于面对职业应用的创新精神。因此,应用型本科院校只有着力培养"进入角色快、业务水平高、动手能力强、综合素质好"的人才,才能在激烈的就业市场竞争中站稳脚跟。

目前国内应用型本科院校所采用的教材往往只是对理论性较强的本科院校教材的简单删减,针对性、应用性不够突出,因材施教的目的难以达到。因此亟须既有一定的理论深度又注重实践能力培养的系列教材,以满足应用型本科院校教学目标、培养方向和办学特色的需要。

哈尔滨工业大学出版社出版的《应用型本科院校"十三五"规划教材》,在选题设计思路上认真贯彻教育部关于培养适应地方、区域经济和社会发展需要的"本科应用型高级专门人才"精神,根据黑龙江省委书记吉炳轩同志提出的关于加强应用型本科院校建设的意见,在应用型本科试点院校成功经验总结的基础上,特邀请黑龙江省9所知名的应用型本科院校的专家、学者联合编写。

本系列教材突出与办学定位、教学目标的一致性和适应性,既严格遵照学科体系的知识构成和教材编写的一般规律,又针对应用型本科人才培养目标及与之相适应的教学特点,精心设计写作体例,科学安排知识内容,围绕应用讲授理论,做到"基础知识够用、实践技能实用、专业理论管用"。同时注意适当融入新理论、新技术、新工艺、新成果,并且制作了与本书配套的PPT多媒体教学课件,形成立体化教材,供教师参考使用。

《应用型本科院校"十三五"规划教材》的编辑出版,是适应"科教兴国"战略对复合型、应用型人才的需求,是推动相对滞后的应用型本科院校教材建设的一种有益尝试,在应用型创新人才培养方面是一件具有开创意义的工作,为应用型人才的培养提供了及时、可靠、坚实的保证。

希望本系列教材在使用过程中,通过编者、作者和读者的共同努力,厚积薄发、推陈出新、细上加细、精益求精,不断丰富、不断完善、不断创新,力争成为同类教材中的精品。

序

应用型本科是高等教育的一支独具特色的力量,在我国经济和社会发展中的地位和作用日渐突出。本系列教材吸收借鉴了 ERP(企业资源计划)的最新研究成果和国内外同类优秀教材的成熟经验,立足于我国应用型本科院校的人才培养目标,结合编写者在教学与科研工作中的知识积累与经验积淀,注重理论与实践相结合,注重培养学生的创新思维能力和分析解决实际问题的能力。

本系列教材在内容上坚持以基本理论为基础,以市场为主线,以企业运营模式为主体进行整体规划,力求将原理、方法和应用融为一体;在形式上,通过学习目标、引导案例来体现总体设计思路,充分展示多角度的策略分析战略。

本系列教材在编写过程中重点突出以下特点:

1. 逻辑性强。在总体布局上,以模拟企业的业务活动为资料,按照会计核算与企业管理的基本要求,设计信息化解决方案,使学生切身感受到手工处理和计算机处理之间的岗位设置、业务流程、工作效率等方面的差异,有利于培养学生科学的思维方式。

2. 实践性强。在内容安排上,确保理论够用,突出实践导向,各章节安排的案例按照企业信息化实施进程展开,主要包括企业调研、方案设计、数据准备和上线运行。各环节源于实际,有利于培养学生的创新应用能力。

3. 拓展性强。ERP 系统是当今世界企业经营与管理技术进步的代表,核心价值是通过系统的计划和控制、有效配置各项资源,提升企业竞争力。教材在编写中采用体验式教学方法,通过一定的情境和载体,有效培养学生独立思考问题、分析问题和解决问题的能力,促进学生知识、能力、素质的全方位提高。

本系列教材的适用对象为应用型本科院校的经济类、管理类本科生,尤其是会计学、财务管理、市场营销、人力资源等专业的本科生。

线恒录
2016 年 3 月

前　言

21世纪是一个充满竞争的时代,竞争的核心就是人才。随着我国市场经济的逐步成熟,社会急需有创新精神和实践能力的应用型人才。复合型人才的培养问题日益得到社会及教育界的普遍关注。坐而论道,未免华而不实。2003年,中国管理软件领导厂商——用友软件推出"ERP沙盘模拟"课程,开创体验式教学之先河,无论是企业管理内部培训,还是高校综合实训,都收效显著。受训者往往意犹未尽。于是引发了另一个相关需求:如果用ERP系统来管理企业将会如何?其深层含义是希望借此来了解企业运营中信息化管理的过程,体验ERP系统帮助企业管理业务,提升管理水平。

本书基于"ERP沙盘模拟"课程中的模拟企业,以模拟企业的业务活动为实验资料,结合会计核算与企业管理的客观要求,设计企业商战运营方案,与"ERP沙盘模拟"课程的手工操作方式形成对比,使学生切身感受到在企业运营中岗位设置、业务流程、工作效率等方面的差异,深刻地理解信息化的必要性与优越性。

本书以用友ERP-8中的总账管理、UFO报表、固定资产管理、应收及应付款管理等为理论指导来设计企业运营模拟的方案,以沙盘——商战版软件作为实践载体,丰富和完善了相关专业的实践教学体系,将理论与实践紧密地结合起来,可以有效地培养学生独立思考问题、分析问题、解决问题的能力,促进学生知识、能力、素质的全方位提升。

本书共分五章。第一章、第二章介绍了所用软件的平台、设计思想及使用方法以及团队的组建要求;第三章、第四章、第五章按照企业管理运营中的实施流程展开,并兼顾实验的阶段性和可操作性等问题展开。第一章由哈尔滨远东理工学院赵虹编写,第二章由哈尔滨剑桥学院尚红岩和陈博雅编写,第三章、第四章由哈尔滨理工大学梁凤霞编写,第五章及附录部分由哈尔滨剑桥学院王惠编写。

本书可作为高校会计、工商管理、物流、电子商务等专业ERP沙盘模拟课程的配套实训教材,也可供广大ERP管理人员参考。

企业商战模拟实训尚属新事物,因此书中难免存在疏漏,衷心希望广大读者反馈意见,以进一步修订、完善。

作　者

2016年4月

目 录

第一章 正确认识企业商战运营 ………………………………………… 1
  第一节 企业商战理念 …………………………………………………… 1
  第二节 企业商战实训平台 ……………………………………………… 12

第二章 企业商战运营团队的组建 ………………………………………… 17
  第一节 团队人员的角色划分及应具备的专业素养 …………………… 17
  第二节 商战运营的基本程序 …………………………………………… 20
  第三节 教学建议 ………………………………………………………… 22

第三章 企业商战运营规则 ………………………………………………… 23
  第一节 企业商战分析 …………………………………………………… 23
  第二节 企业商战运营需求分析 ………………………………………… 26
  第三节 企业商战市场预测分析 ………………………………………… 42
  第四节 企业商战运营规则分析 ………………………………………… 52

第四章 企业商战运营模拟操作系统 ……………………………………… 57
  第一节 系统登录 ………………………………………………………… 57
  第二节 年初任务 ………………………………………………………… 60
  第三节 季度任务 ………………………………………………………… 64
  第四节 特殊运行任务 …………………………………………………… 74

第五章 商战中的经营策略 ………………………………………………… 80
  第一节 策略 ……………………………………………………………… 80
  第二节 多角度分析战略 ………………………………………………… 86
  第三节 市场广告技巧 …………………………………………………… 89
  第四节 沙盘战略 ………………………………………………………… 93

附录 ··· 98
  附录一 企业商战运营模拟经验总结 ··· 98
  附录二 实验报告 ··· 106
  附录三 第 10 届"用友新道杯"全国大学生沙盘模拟经营大赛黑龙江省
            总决赛·经营规则 ·· 109
  附录四 第 6 届"用友杯"全国大学生创业设计暨沙盘模拟经营大赛
            全国总决赛规则 ·· 116
  附录五 2010 年国赛本科 A 区经营数据 ·· 127
  附录六 2015 年黑龙江省本科组沙盘大赛规则 ·· 142
  附录七 经营所需表格 ··· 161

参考文献 ··· 186

Chapter 1 第一章

正确认识企业商战运营

第一节 企业商战理念

一、为什么学习企业商战运营

(一)学习企业商战运营模拟的重要性

企业商战运营模拟作为一种体验式的教学方式,是继传统教学及案例教学之后的一种教学创新。借助企业商战运营模拟,可以强化学生的管理知识、训练管理技能、全面提高学生的综合素质。企业商战运营教学融理论与实践于一体、集角色扮演与岗位体验于一身,可以使学生在参与、体验中完成从知识到技能的转化。

1. 多方位拓展知识体系

企业商战运营模拟是对企业经营管理的全方位展现,它需要学生综合运用自己学习过的各种管理思想和财务技能知识。通过企业商战运营模拟体验,可以使学生将原有的理论知识融入实践之中,并在以下几方面获益。

(1)战略管理。

成功的企业一定要有明确的企业战略,包括产品战略、市场战略、竞争战略及资金运用战略等。从最初战略的制订到最后战略目标的达成,经过几年的模拟,经历迷茫、挫折、探索,学生将学会用战略的眼光看待企业的业务和经营,保证业务与战略的一致,在未来的工作中更多地获取战略性成功而非机会性成功。

(2)营销管理。

市场营销就是企业用价值不断来满足客户需求的过程。企业所有的行为、所有的资源,无非是要满足客户的需求。模拟企业几年中的市场竞争对抗,学生将学会如何分析市场、关注竞争对手、把握消费者的需求、制订营销战略、定位目标市场,制订并有效实施销售计划,最终达成企业战略目标。

(3)生产管理。

在企业商战运营模拟的过程中,把企业的采购管理、生产管理、质量管理统一纳入生产管理领域,则新产品研发、原材料采购、生产运作管理、品牌建设等一系列问题背后的一系列决策问题就自然地呈现在学生面前,它跨越了专业分隔、部门壁垒。学生将充分运用所学知识,积极思考,在不断的成功与失败中获取新知识。

(4)财务管理。

在企业商战运营模拟过程中,团队成员将清晰掌握综合费用表、资产负债表、利润表的结构;掌握资本流转如何影响损益;解读企业经营的全局;预估长短期资金需求,以最佳方式筹资,控制融资成本,提高资金使用效率;理解现金流对企业经营的影响。

(5)人力资源管理。

从岗位分工、职位定义、沟通协作、工作流程到绩效考评,企业商战运营模拟中,每个团队经过初期组建、短暂磨合、逐渐形成团队默契,完全进入协作状态。在这个过程中,自成体系导致的效率低下、无效沟通引起的争论不休、职责不清导致的秩序混乱等情况,可以使学生深刻地理解局部最优不等于总体最优的道理,学会换位思考。明确只有在组织的全体成员有着共同愿景、朝着共同的绩效目标努力、遵守相应的工作规范、彼此信任和支持的氛围下,企业经营才能取得成功。

(6)基于信息管理的思维方式。

通过企业商战运营模拟,使学生真切地体会到构建企业信息系统的紧迫性。企业信息系统如同飞行器上的仪表盘,能够时刻跟踪企业运行状况,对企业业务运行过程进行控制和监督,及时为企业管理者提供丰富的可用信息。通过沙盘信息化体验,学生可以感受到企业信息化的实施过程及关键点,从而合理规划企业信息管理系统,为企业信息化做好观念和能力上的铺垫。

2.全面提高学生的综合素质

企业商战运营模拟作为企业经营管理仿真教学系统,有利于学生进行综合素质训练,利用角色扮演与岗位体验的特点,使学生在以下几方面获益。

(1)树立共赢理念。

市场竞争是激烈的,也是不可避免的,但竞争并不意味着你死我活。寻求与合作伙伴之间的双赢、共赢才是企业发展的长久之道。这就要求企业知己知彼,在市场分析、竞争对手分析上做足文章,在竞争中寻求合作,企业才会有无限的发展机遇。

(2)全局观念与团队合作。

通过企业商战运营模拟对抗课程的学习,学生可以深刻地体会到团队协作精神的重要性。在企业运营这样一艘大船上,总经理是舵手、财务总监保驾护航、生产总监冲锋陷阵……在这里,每一个角色都要以企业总体最优为出发点,各司其职,相互协作,才能取得胜利,实现目标。

(3)保持诚信。

诚信是一个企业的立足之本、发展之本。诚信原则在企业商战运营模拟课程中体现为对"游戏规则"的遵守,如市场竞争规则、产能计算规则、生产设备购置以及转产等具体业务的处理。保持诚信是学生立足社会、发展自我的基本素质。

(4)个性与职业定位。

每个个体因为拥有不同的个性而存在,这种个性在企业商战运营模拟对抗中会显露无遗。在分组对抗中,有的小组轰轰烈烈,有的小组稳扎稳打,有的小组则不知所措。虽然个性特点与胜任角色有一定的关联度,但在现实生活中,很多人并不是因为"爱一行"才"干一行",更多的情况下需要大家"干一行"就"爱一行"。

(5)感悟人生。

在市场的残酷竞争与企业的经营风险面前,是"轻言放弃"还是"坚持到底",这不仅是一个企业可能面临的问题,更是在人生中需要不断抉择的问题,经营自己的人生与经营一个企业具有一定的相通性。

在企业商战运营模拟中,学生经历了一个从理论到实践再到理论的上升过程,把自己亲身经历的宝贵实践经验转化为全面的理论模型。学生借助 ERP(Enterprise Resource Planning,企业资源计划)沙盘推演自己的企业经营管理思路,每一次基于现场的案例分析及基于数据分析的企业诊断,都会使学生受益匪浅,达到磨炼商业决策敏感度、提升决策能力及长期规划能力的目的。

(二)企业商战运营模拟课程的优越性

企业商战运营模拟课程来源于军事上的战争沙盘模拟推演,最早是统治者在战争中使用的指挥用具。在战争中使用的沙盘是根据地形图或实地地形,按一定的比例用泥沙、石土等材料堆制而成的一种模型,供指挥者研究地形、敌情、作战方案、组织协调和实施训练时使用,如图1.1所示。用沙盘研究作战情况在我国有着悠久的历史。《史记·秦始皇本纪》中记载:"以水银为百川大海,相饥灌翰,上具天文,下具地理。"

据说,秦在部署灭六国时,秦始皇亲自堆制沙盘研究各国地理形势,在李斯的辅佐下,派大将王翦进行统一战争。后来,秦始皇在修建陵墓时,堆塑了一个大型的地形模型。模型中不仅砌有高山、丘陵、城池等,而且用水银模拟江河、大海,用机械装置使水银流动循环,可以说,这是最早的沙盘雏形,至今已有 2 200 多年历史。《后汉书·马援传》中记载:汉建武八年(公元32年),光武帝征伐天水、武都一带地方的豪强时,因大将马援对陇西一带的地理情况很熟悉,就用米堆成一个与实地地形相似的模型,从战术上做了详尽的分析,使光武帝顿有"虏在吾目中矣"的感觉。故有马援"聚米为山谷,指画形势"的典故。这成为我国战争史上运用沙盘研究战术的先例。

"沙盘模拟训练"源自军事上高级将领作战前的沙盘模拟推演。它跨越了实兵检验的巨大成本障碍和时空限制,因而得到广泛运用。19世纪末到20世纪初,沙盘主要用于军事训练,在军事领域取得了很大成功。第一次世界大战后,才在实际中得到运用。战争沙盘模拟推演通过红、蓝两军在战场上的对抗与较量,发现双方战略战术上存在的问题,提高指挥员的作战能力。

图1.1 我国最早的沙盘雏形——地形模型

英、美知名商学院和管理咨询机构很快意识到这种方法同样适合企业对中、高层经理的培养和锻炼,随即对军事沙盘模拟推演进行了广泛的借鉴与研究。瑞典皇家工学院的 Kias Mellan 于1978年开发了一门课程"决战商场",其特点是采用体验式培训方式,遵循"体验—分享—提升—应用"的过程达到学习的目的。最初该课程主要是从非财务人员的财务管理角度来设计的,之后被不断改进与完善,针对不同职业、不同职位的沙盘演练课程被相继开发出来。这种课程最初是一种计算机辅助教学的方式。每次培训,首先由专家讲授涉及企业管理运营的相关理论,如市场营销、财务管理、信息技术、人力资源管理、战略管理;训练后期,把学员分成若干组,利用计算机进行企业竞争模拟。这种方式引起了学员的极大兴趣。同时,企业在培养优秀管理人才时,也面临培训成本高昂的困扰。因此,英、美知名商学院和管理咨询机构开发出了 ERP 沙盘模拟培训这一新型的现代培训模式。

20世纪90年代末,沙盘模拟类培训课程进入中国,最典型的便是深圳的竞越公司(以原汁原味的课程为特色)、北京的人众人公司(以拓展训练为特色),使原本成熟的课程体系进一步融入了中国企业的经营特色,更贴近企业的实际。沙盘模拟教学模式较早被北京大学、清华大学、中国人民大学、浙江大学等多所高校纳入 MBA、EMBA 及中高层管理者在职培训的教学之中。1996年,"国际企业管理挑战赛"中国大陆赛区的比赛吸引了众多队伍参加,其中包含了大多数提供 MBA 学位教育的国内著名的管理学院,比赛从美国、加拿大、德国、日本等国家引进了一些模拟软件。1995年,北京大学开始研发 BIZSIM 企业竞争模拟软件,几经改善,在2003年全国 MBA 培养院校企业竞争模拟比赛中使用了此软件,有112支队伍报名参赛。

企业商战运营模拟课程不同于传统的课堂灌输授课方式,它通过运用独特直观的教具,模拟企业真实的内部经营环境与外部竞争环境,结合角色扮演、情景模拟、教师点评,使学生在虚拟的市场竞争环境中,真实经历数年的企业经营管理过程,运筹帷幄,决战商场。企业商战运营模拟培训一经推出,就以独特新颖的培训模式、深刻实用的培训效果受到中外企业、著名高校的青睐。目前企业商战运营模拟培训已经成为世界500强中大多数企业的中高层管理人员管理培训的首选课程。

企业商战运营模拟课程将企业的主要流程缩小在整张沙盘上,化繁为简。不仅充分地突出了每个企业领导者的主要职能,同时也将复杂的企业信息流动立体化,从而达到模拟经营的目的。在经营的过程中,企业的物流:下原料订单、原料入库、组织生产、按订单销售;企业的资金流:现金、贷款、应收账款、人工成本、设备维修、固定资产折旧等制造费用支出,广告投入、市场开拓、产品研发、ISO认证、管理费用支出;企业的信息流:市场预测分析、竞争环境、竞争对手经营情况分析等。三者构成一个闭合的流通渠道,在各个成员的推进下完成企业的运作。

在企业商战运营模拟课程中,每5~8位学生被分为一个小组,每个小组代表一个企业。每个企业的主要职能定位分别为:

①公司总裁CEO,负责企业长期经营战略决策、制定每年的经营规划、分配成员角色、协调团队沟通合作等。

②财务总监CFO,负责企业资金筹措、资金运用、费用成本控制、现金流管理、财务核算等。

③生产总监,负责企业生产战略制定、编制和执行生产计划、设备更新计划等。

④采购总监,负责采购计划制定和执行、企业内部物流控制等。

⑤销售总监,负责企业营销战略、新市场开拓规划、新产品研发计划、广告投放策略制定和执行等。

每个小组都拥有等同的资金。通过用现金为企业做广告,从市场上赢得订单,用现金购买原材料入库和新生产线,投入生产,完工交货,从客户手中获得现金,用现金开发新的产品和新的市场,用现金支付员工的工资、税收等。当资金短缺时可向银行申请贷款或变卖固定资产。经过6年的经营,最终根据每个企业的所有者权益多少评出优胜企业。

企业商战运营模拟课程,突破了传统的管理实训课程的局限性,让学生通过模拟企业运行状况,在制定战略、分析市场、组织生产、整体营销和财务结算等一系列活动中体会企业经营运作的全过程,认识到企业资源的有限性,在各种决策的成功和失败的体验中,学习、巩固和融会贯通各种管理知识,掌握管理技巧,从而深刻理解ERP的管理思想,领悟科学的管理规律,提升管理能力。

二、企业商战运营学习内容

(一)什么是沙盘

沙盘是根据地形图、航空拍照或实地地形,按一定的比例关系,用沙泥、兵棋和其他材料堆制的模型。最早的沙盘雏形相传是在秦始皇灭六国时,在连年战争之中,为了研究各国复杂的地理地形,发明了利用沙石模拟出实际的地形地貌,从而不需亲临现场,也能制定决策,运筹帷幄。

沙盘具有立体感强、形象直观的特点。沙盘最早是古代将帅指挥作战的用具,军事上常供研究地形、敌情、作战方案以及演练战术使用。在现代,沙盘也被广泛地应用于心理治疗和检测方面,以及交通、水利电力、公安、国土资源、旅游、房地产销售等各行各业。

沙盘通常按照表现方式可以分为地形沙盘、建筑沙盘、电子沙盘。电子沙盘又分为三维电子沙盘、声音电子沙盘和多媒体触控沙盘,它以语音、文字、图片和视频图像等多媒体形式配合同步展示模型沙盘中的各类相关信息,达到全方位互动式的多媒体展示效果。

1. ERP 的含义

ERP 以管理会计思想为核心,其主要宗旨是对企业所拥有的人、财、物、信息、时间和空间等综合资源进行综合平衡和优化管理,协调企业各管理部门,围绕市场导向开展企业业务活动,提高企业的核心竞争力。企业的资源从内部而言包括厂房、设备、物料以及资金和人力资源等,从外部而言则包括企业上游的供应商和下游的客户资源等。企业要想获得良好、持续的发展,对资源的合理规划与运用是关键中的关键。企业资源计划的实质就是如何在资源有限的情况下,合理组织企业的生产,力求实现利润最大、成本最低。可以说,企业的生产经营过程也就是对企业资源的管理过程。企业资源计划就是针对企业的物资资源管理、人力资源管理、财务资源管理、信息资源管理等各个环节,把企业的物流、人流、资金流、信息流统一起来进行管理,将客户的需要和企业内部的生产经营活动以及供应商的资源整合在一起,为企业决策层提供参谋,以降低产品成本、提高作业效率及合理运营资金。

ERP 系统就是将企业的财务、采购、生产、销售、库存和其他业务功能整合到一个信息管理平台上。他将信息技术与先进的管理思想结合起来,将企业资源的合理调配融入企业资源的管理过程中,从而实现各部门信息数据的标准化、整个企业系统运行的集成化、各项业务流程的合理化;同时,企业管理者对各部门、各人员的绩效监控能够动态化地管理,以持续性地改善企业的各项管理。

2. 企业商战运营模拟的概念

企业商战运营模拟即企业资源计划沙盘模拟,它是针对"代表先进的现代企业经营与管理技术的 ERP 系统"设计的角色体验的实验平台。

企业商战运营模拟以某个企业为模拟对象,模拟该企业运营的关键环节:战略规划、资金筹集、市场营销、产品研发、生产组织、物资采购、设备投资与改造、财务核算与管理等。在模拟过程中,企业经营所处的内部环境被抽象为一系列的规则,由几名学员组成一个大组,再分成若干个小组,模拟成若干个相互竞争的企业,这些模拟企业在同一个市场环境里开展一定年度的经营活动。这样使得学员对企业资源的管理过程有一个实际的体验,在分析市场、制定战略、营销策划、组织生产、财务管理等一系列活动中,了解企业的管理规律,提升进行企业管理的能力。企业商战运营模拟的最大特点是采用了体验式教学方式,在体验式教学的过程中实现了学生对所学知识的巩固、拓展与应用。

(二)企业商战运营思想的发展过程和基本思路

ERP 系统是从 MRP(物料需求计划)发展而来的新一代集成化管理信息系统,它建立在信息技术的的基础上,以系统化的管理思想,为企业决策层及员工提供决策运行手段的管理平台,其核心思想是供应链管理。这种具有高度整合性的管理思路突破了传统企业的管理手段和管理思路,从供应链范围去优化企业的资源,最大化地实现企业资金的运用。所以,ERP 系统有助于明确企业的业务流程、提高企业的核心竞争力、达成企业的管理目标。因此,要讲清楚 ERP 原理,我们首先要了解 ERP 思想的发展过程。

1. ERP 思想的发展过程

国外的 ERP 生产和发展,最早应追溯到 20 世纪 40 年代。但是为了解决库存控制问题,在存货管理中提出来订货点法,此时电子计算机还没有出现。到了 20 世纪 60 年代,随着计算机的出现,短时间内对大量数据的复杂运算成为可能。这样,人们为了解决订货点法的缺陷,提出了 MRP 理论,形成了物料需求计划阶段或称基本 MRP 阶段。

在计算机技术迅速发展的 20 世纪 70 年代,为解决采购、库存、生产、销售的管理,产生了生产能力需求计划、车间作业计划及采购业务计划理论,形成一种生产计划有控制系统,即进入了闭环 MRP 阶段(Closed-loop)。在此阶段,出现了 TQC(全面质量管理)和 JIT(准时制生产)这两大具有里程碑意义的管理思想。

20 世纪 80 年代,随着计算机网络技术的发展,企业内部信息得到充分的共享,MRP 的各子系统也得到了统一,形成了一个集经营、库存、生产、销售、财务、工程技术等为一体的子系统,这是一种企业经营生产管理信息系统,即进入了 MRPⅡ阶段,这一阶段的代表技术是 CIMS(计算机集成制造系统技术)。

20 世纪 90 年代,随着市场竞争的进一步加剧,企业竞争空间与范围进一步扩大,MRPⅡ理论的"主要面向企业内部资源全面计划管理"的思想,逐步发展成为"怎样有效地利用和管理整体资源"的管理思想,ERP 随之产生。ERP 是由美国加特纳公司在 90 年代初期首先提出的,当时的解释是根据计算机技术的发展和供应链管理,推论各种制造业在信息时代管理系统的发展趋势和变革。

2. 我国 ERP 的产生和发展

从我国 ERP 的生产和发展来看,自 1981 年沈阳第一机床厂从德国工程师协会引进了第一套 MRPⅡ软件以来,ERP 在中国的应用经历了从起步、探索到逐步成熟的历程。20 世纪 80 年代,中国国有企业刚刚进入所有权和经营权分离的转型阶段,企业的劳动生产率低,库存储备资金占用大、设备利用率低等各种问题凸现出来。为了改善这种落后的状况,我国机械工业系统中一些企业先后从国外引进了 MRPⅡ软件。但当时引进的国外软件开放性和通用性差、操作复杂,同时又缺少相应配套的技术支持与服务,运用这套系统取得的成效与当初花费的巨大投入所期望的效果有很大的差距。

到了20世纪90年代,ERP在中国的应用与推广慢慢取得了较好的成绩。随着改革开放的不断深化,我国的经济体制已从计划经济向市场经济转变,中国企业已进入体制转变和创新阶段,有积极地革新企业管理制度和方法的迫切愿望;同时,信息技术的发展、国外软件的本地化工作的完成,软件系统的通用性和开放性都使得ERP软件的应用向更深、更广的范围发展。

从1997年开始到21世纪初,ERP软件的应用范围从制造业扩展到第二、第三产业。在与世界经济越来越"接轨"、财务制度越来越"趋同"的全球经济一体化的时代,企业面临的是一个越来越激烈的竞争环境,而ERP软件却由于具有更多的功能而逐渐被企业所青睐,它可以为企业提供投资管理、风险分析、企业信息集成、活力分析、市场预测、决策信息分析、售后服务与维护、全面质量管理、物流管理、人力资源管理、项目管理以及利用Internet实现电子商务等MRP Ⅱ软件不具备的功能。

目前,由我国自主研发的ERP软件,占市场主要份额的代表软件是"金蝶"和"用友",其产品在分步实施、软件结构及其接口的开放性、数据转换等方面容易使客户接受,并且软件价格和实施费用较低。另一方面,我国自主研发的软件在功能的完善与成熟性方面同国外知名ERP软件存在差距。国外的ERP软件的主要供应商提供的ERP软件在行业版本、软件功能的完善、实施能力等各方面都占有明显的优势,但这些软件并不适合于中国的国情,其接口的开放度、客户数据转换支持、软件价格和实施费用等方面不容易被国内企业认同与接受。目前,不论是使用国产ERP软件还是使用进口ERP软件,企业在实施ERP项目时都存在着不少问题与难题。多数企业未能把企业流程的优化重组与实施ERP有效地结合起来,造成了只是用计算机代替了原有的手工操作的情况,使ERP软件的功能难以全面发挥。

3. 企业商战运营模拟的基本思路

通过上述ERP的起源和发展,我们可以看出,ERP的发展其实就是管理思想的发展,它是建立在信息技术的基础上,采用信息化、结构化的思想,将企业的财务、采购、生产、销售、库存和人力资源管理等功能整合到一个信息管理平台上,从而为企业决策层及各个部门提供决策运行手段。ERP是从ERP(物理需求计划)发展而来,其核心思想就是供应链管理,强调的是企业各部门各环节之间整个供应链上的人、财、物等所有资源及其流程的管理。

(1) 从企业运营的过程来看,企业商战运营强调事先的预判和规划。

企业商战运营系统中的计划体系主要包括生产计划、物理需求计划、能力需求计划、市场预测等。通过召开新年度会议的形式,各个部门在相互协调的基础上做好本部门职能范围内的预测和分析。

①企业的销售部门人员考虑的内容包括:企业根据未来市场行情、应该生产什么产品、通过什么渠道销售、各产品在各地区域的分布比例如何、是否考虑进行促销活动,以及产品在上一年度的市场排名情况,预计自己在各个市场的订单获取情况,估算出大致的销售量和营销费用(广告费)。

②生产主管应对各个生产线上的产能做出规划和安排。由于生产计划是沟通企业前方市场、销售环节和后方物资供应环节的重要一环,因此,主管要根据订单情况和现有的生产能力来考虑生产什么、生产多少、何时生产,计划出到每一季度末的交货日期以及企业能按时交货的出货量,避免因生产延误导致企业受损。与此同时,还要考虑物料需求计划和库存情况,以保证生产的及时性。

③采购主管根据生产计划需要考虑3个问题:采购什么、采购多少、何时采购。采购计划的制订与物料需求计划直接相关,并关系到主生产计划。根据主生产计划,减去产品库存,再按照产品的 ROM 结构展开,就知晓了满足生产都需要哪些物料、哪些可以自制、哪些必须委外加工、哪些物料需要采购等情况。明确了采购项目之后,还要计算采购量,要做到"既不出现物料短缺,又不出现库存积压"。

④财务主管应对全年的资金情况做出预算安排。企业在市场上生存下来的基本条件:一是以收抵支,二是到期还债。这从另一个角度告诉我们,如果企业出现资不抵债或是资金断流就将宣告破产。纵观企业生产经营的每一步,都需要资金作为其保障。成本费用的支付需要资金、各项投资需要资金、到期还债需要资金,如果没有一个准确详尽的资金预测,很快就会焦头烂额、顾此失彼。因此,每年年初的资金预测是非常重要的,它可以使投资者运筹帷幄,提前对营销费用、生产费用、采购费用进行考量和预测,并做好到期银行贷款的归还、应收账款的回笼,防止资金断流、资不抵债。

⑤如果产能不够,企业的总经理还要从企业发展的战略角度全盘考虑追加固定资产投资,新建厂房和生产线,进行扩大再生产。

从企业运营过程看,需要对资金的规划和安排从更长期的的角度去考虑。如果生产能力有所富余,企业则应培育更广泛的市场,需要提前进行市场开拓,完成相应的市场准入证的换取;提前进行产品的研发,完成相应的产品生产资格证的换取;提前进行高端市场环境所需要的 ISO 认证,完成国际认证,包括 ISO 9000 质量认证和 ISO 14000 环境认证。

(2)从企业运营的过程来看,ERP 系统还强调事中的控制。

ERP 系统是从 MRP 发展而来的集成化管理信息系统,因此,企业从接到订单后,就开始进行一系列的成产运营活动。

①营销总监在年初参加订货会,按照市场地位、广告投放、竞争态势、市场需求等条件分配客户订单。争取客户订单前,应以企业的产能、设备资源计划等为依据,避免接单不足,设备闲置;或是盲目接单,无法按时交货,引起企业信誉降低从而被迫接受罚款。

客户的订单相当于与企业签订的订货合同,营销总监取得订单后负责将订单登记在"订单登记表"中,支付广告费,财务总监记录支出的广告费。到期时,营销总监按照订单数量整单交货给客户,登记该批产品的成本,并做好应收账款或者是现金的收缴工作。如果产能计算有误,营销总监可以考虑向其他企业购买产品,财务总监做好收支记录。营销总监通过对市场环境的分析,还要考虑是否进行新市场开拓以及 ISO 资格认证投资,是否向财务总监申报相关开发费用。

②财务总监每个季度初盘点目前现金库中的现金,记录现金余额。工作内容包括更新长期贷款(简称"长贷")和短期贷款(简称"短贷"),支付利息,归还到期的银行存款,更新应收、应付款并做好现金收支记录。在资金出现缺口且不具备银行贷款的情况下,可以考虑应收账款贴现。财务总监还要定期支付为维持正常经营所必需的差旅费、人员工资、招待费等管理费以及支付维修费等其他现金开支,期末做好设备折旧、现金对账等工作。年终进行"盘点",编制利润表和资产负债表。

③采购总监根据年初制订的采购计划,决定所采购材料的品种及数量,下原料订单。供应商按照合同要求发出的存货运抵企业时,企业必须无条件接受货物并支付料款。采购总监将原料从订单状态转至企业原料库中,并向财务总监申请原料款,支付给供应商。新产品上线时,原料库中必须备有足够的原料,否则需要停工待料;当然,采购总监也可以考虑向其他企业购买原材料,但价格也有可能高于正常的原料采购价格。所以,采购总监还应该做好提前订货、及时采购工作。

④生产运营总监负责管理各生产线上在产品的更新和完工入库。如果有新产品的投资上线,则向财务总监申请产品的生产费用以及向原料库领取生产物资,投放在空余的生产线上。当生产能力不足时,运营总监应考虑投资新生产线,在该生产线安装周期的每个季度向财务总监申请建设资金(建设资金额度=设备总购买价值/安装周期),财务总监做好先进收支记录。当产品生产完工后,也可以变卖生产线或是进行生产线的转产,运营总监按季度向财务总监申请并支付转产费用,财务总监做好现金收支记录。除此之外,如有需要,运营总监还应按照年初制订的产品研发计划,向财务总监申请研发资金,进行相关产品的研发投资工作,领取相应产品的生产资格证。

三、如何学习企业商战运营

ERP 沙盘模拟最大的特点在于将时间浓缩化,尤其是在比赛和考核过程中,每组学生用 2 天的时间获得 6 年的企业经营体验,其中的艰辛与困苦可想而知,这将是"痛并快乐着"的 2 天,这将是无法预知成败的 2 天,这也将是人生旅途中值得铭刻的一座丰碑。

为了使课程能够达到预期的学习效果,下面郑重提示:

(一) 知错而后进

学习的目的就是发现问题并解决问题,在课程的学习过程中,谁犯的错误越多,谁的收获也就越大,在不断地探索与完善中取得成功的钥匙,因此不要怕犯错误。

(二)事必躬亲,落实与行动

"企业商战运营模拟"作为体验学习课程,要求每一位学生都以一个公司的重要领导者参与到企业的经营中,只有这样才能切身地体会到企业竞争中存在的各种问题,为未来的就业以及发展奠定坚实的基础。

(三)铭记企业商战运营模拟过程中应注意的事项

(1)财务问题的重要性:企业的经营活动、破产危险都取决于企业的现金流活动,要最大限度地提高企业效益同时避免坍塌的危险,就必须有准确的财务分析和预测能力。

(2)竞争的不确定性:竞争是一种互动关系,竞争参与者的决策往往取决于环境的变化和竞争对手分析的结果。

(3)战略目标的达成:SWOT 分析其实是很有用的,不一定要清晰地列出来,起码要想想自己有什么、没有什么、喜欢什么、怕什么。

(4)经营是一个非常复杂的过程,往往从经营计划分解分析,再修订计划,再了解前提条件……经过销售部门—生产部门—研发和人力部门—财务部门,至少要 2 次以上的循环讨论和互动过程,一系列缜密的分析和计算,对不同战略方案深入探讨,做出取舍,才能确保科学性和可执行性。

(5)通过这个游戏,发现自己确实缺乏企业整体运作的思路和工具。在今后的学习中,在了解各种管理工作具体方法和内容的同时,注意思考具体工作在企业整体运作中的位置和影响,站在全局的高度思考具体工作的方向。

(6)研发产品的方向,不一定只有市场最广的,可能市场小的产品竞争者少,效益更好。

(7)对企业运作的瓶颈部分,要做出特别激励,即使只是保证刚好完成任务,也对企业具有很大贡献。

(8)一个工序(部门)产量(工作量)相同,采用不同的运作方式会对企业整体效益有不同影响,如完成 50% 交付 50% 与全部完成一次性交付,对企业整体绩效影响很大。

(9)跟随着公司的经营策略,市场(品牌)领先者地位的取得需要付出非常大的成本,尽管这个地位可以给企业营销带来很大的好处,但巨大的成本也可能把企业拖垮,有时就因为高估了这个领先地位给企业带来的营销帮助而忽略了企业财务状况实际,导致失败。

(10)市场竞争中,相互间信息情报的了解非常重要,了解对手的财务状况对于了解对手的竞争实力和决策倾向具有极大的帮助。

第二节 企业商战实训平台

本书选用用友 ERP 管理系统作为实训平台,企业发展及产品策略具有典型代表性。ERP 管理系统定位于中国企业管理软件终端应用市场,可以满足不同的竞争环境下,不同的制造、商务模式下,以及不同的运营模式下的企业经营,提供从日常运营、人力资源管理到办公事务处理等全方位的管理解决方案,是一个企业综合运营平台,如图 1.2 所示。用以满足各级管理者对企业运营信息化的不同要求;为高层经营管理者提供大量收益与风险的决策信息,辅助企业制定长远的发展战略;为中层管理人员提供企业各个层面的运作状况,帮助进行各种事件的监控、发现、分析、解决、反馈等处理流程,力求做到投入产出最优配比;为基层管理人员提供便利作业环境、易用的操作方式,以有效地履行工作职能。

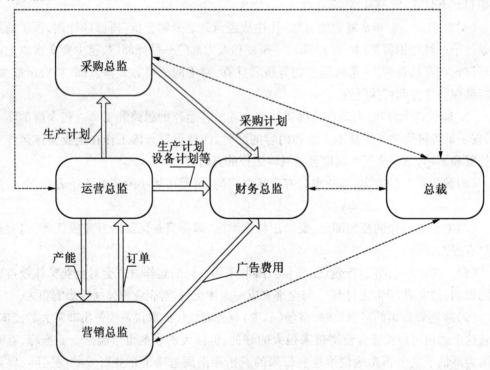

图 1.2　企业综合运营平台

历经 20 多年的发展,用友 ERP 管理系统汇聚了几十万成功用户的应用需求,累积了丰富的行业先进企业管理经验,以销售订单为导向,以计划为主轴,其业务涵盖财务、物流、生产制造、CRM、OA 管理会计、决策支持、网络分销、人力资源、集团应用等全面的应用,其总体结构如图 1.3 所示。

第一章 正确认识企业商战运营

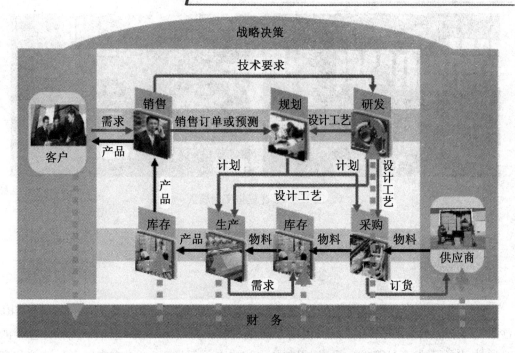

图1.3 用友 ERP 管理系统总体结构

一、企业商战组织

实验教师在企业商战运营企业综合实训中充当管理者和组织者的角色,在实训过程中起着根据教学内容选择教学模式、全程指导实习过程,释疑解惑,监控督导的作用。为了全面地提高学员的综合实践能力,真实模拟系统在企业中实际的运行过程,在局域网完备的环境下,可以在指导教师的引导下,指定一定数量的学员组成团队,在团队内模拟企业中的不同岗位,每个岗位都有相应的责、权、利,相互配合完成业务处理。

在仿真的环境中,以企业业务流程为连接线,将各个业务部门、各个岗位职能有机地连接在一起,以系统性的经济业务深化理论与实践的全面结合,使每个团队成员深切地体会到局部与整体的关系,体会到自己在流程中所处的位置和应负责任的工作,体会到企业基于流程的运作模式,让每一个团队成员都能找到所处的位置和负责的工作,体会到企业基于流程的运作模式,让每一个团队成员找到"职业角色"的感觉。这种"实战"可以有效地缓解学员"实习难"的问题,找到一条从校门到企业的捷径。学生模拟实训场景如图1.4所示。

图1.4 学生模拟实训场景

二、企业商战实验设备及要求

(一)用友沙盘产品

2005年,用友公司院校事业部借鉴国外沙盘培训课程的相关经验,开发了"用友ERP沙盘"。刚开始,"用友ERP沙盘"仅用于向企业客户介绍ERP原理和ERP软件应用的必要性,从而激发产品需求。后来,用友公司院校事业部发现,可以在中国本科院校和高职院校中大力推广这一产品,并于2005年举办了第1届"ERP沙盘大赛",这一比赛持续至2015年已经第11届,影响力越来越大。

"用友ERP沙盘"10年来经历几次发展,2005～2009年主要是手工沙盘,使用者将选好的订单和随后的经营报表录入一个用Excel编制的报表,但任课教师工作量太大;2009～2011年主要是创作者沙盘,是对手沙盘的升级,订单选择和报表形成通过一个B/S架构的软件控制,在保留手工沙盘优点的基础上,大大减轻了教学工作的强度和难度,受到任课教师的好评;2011年至今是商战沙盘,经营中增加了更多的选择性和灵活性,适合学生开展竞技性的比赛。

企业商战运营模拟培训课程完全不同于传统的灌输式的被动学习。它是通过引领学员进入一个高度竞争的模拟行业,由学员分组成立若干"企业",在严酷的市场环境下,进行若干年度的模拟经营活动,学员在主导各自"企业"的系统经营管理活动中完成体验式学习。根据培训主题的不同,系列课程的设置也就不尽相同,分别侧重于不同的管理活动,从而引发出不同的学习内容。在每一年度模拟经营结束之后,学员都要通过认真的反思与讨论,暴露出自身的问题,总结经营成败的原因,体验管理过程中的得失。最后经过培训师高屋建瓴的点评,进一步领悟科学管理规律,提高经营管理能力。企业商战运营模拟经营教学具有很强的体验性、互动性、实战性、竞争性、综合性和有效性。

（二）沙盘实验室平面图

1. 实验室面积

实验室面积为 120~180 平方米，可安排 8~18 组学生。

2. 安装音响设备

安装音响设备，并对音响设备进行调试。

3. 安装投影仪幕布和投影仪吊顶

在教室正前方中间位置安装投影仪幕布和投影仪吊顶，并对投影仪投影焦距及大小进行调试。

4. 摆放白板（黑板）

在教室前方或学生可视度高的位置摆放白板（黑板）。

5. 摆放桌椅

摆放沙盘桌、竞单桌子、助教桌子以及凳子。

6. 摆放塑玻板

将沙盘盘面平整地放在沙盘桌上，并将塑玻板压于沙盘面上。

7. 挂内部装饰图

根据教室内实际情况选择装饰图样进行喷绘，并悬挂于教室内。

8. 安装教师端计算机软件

在教师桌上安装教师端计算机，课前安装好创作者沙盘软件（带"加密狗"）、调试网络和音响设备，可以播放背景音乐。

9. 每张沙盘桌上配备 1~2 台计算机并对网络进行调试

如果条件允许，可以安装无线网络设备，便于后期计算机的移动。

将参加实验的学生分成若干组，每组 5~6 人，每组各代表一家不同的虚拟公司，在这个训练中，每个小组的成员将分别担任公司中的一个重要职位（总经理、财务总监、销售总监、生产总监、采购总监等）。每家公司都是同行业中的竞争对手，实训人员需要在只拥有一定的初始股东投资资金的基础上，从无到有，建立和发展一家企业，并且在面对来自其他企业（其他小组）的激烈竞争的条件下，将企业向前推进、发展。

本实验课程是对工商管理专业核心教程的综合性实验，在学习财务管理相关理论的基础上，将理论在实践中进行模拟性应用，以培养学生理论联系实践的能力，提高学生分析能力、解决问题的能力，培养动手能力。

具体来看，要求学生掌握的基础理论知识主要有：战略及战略处理、各种筹资方式及决策、资本成本与资本结构、财务杠杆、项目投资决策、金融资产（股票）投资、股利政策、财务分析等。

通过企业商战运营实训,要训练学生掌握以下能力:
(1)利用分析工具进行公司战略分析,并确定战略目标。
(2)运用分析工具进行筹资方式分析,制定筹资决策方案。
(3)运用决策指标进行项目可行性分析,完成项目可行性报告。
(4)编制公司财务报告并进行财务分析。

Chapter 2

企业商战运营团队的组建

第一节 团队人员的角色划分及应具备的专业素养

任何企业的运营都离不开人,一个企业的人员配置至关重要,企业职工的责任心和凝聚力是一个企业获得成功的保证。离开了人,企业的经营将无法继续。现实生活中,企业的组织结构各种各样,都有着各自的特点,但离不开以下各个部门,即销售与规划中心、生产中心、物流中心和财务中心。各部门的主管各司其职、相互配合,共同完成企业的经营。

一、团队人员的角色划分

企业商战运营模拟实训中每个企业设有 5 个岗位,分别是总经理(Chief Executive Officer,CEO)、财务总监(Chief Financial Officer,CFO)、营销总监(Chief Marketing Officer,CMO)、生产总监(Chief Operation Officer,COO)和采购总监(Chief Procurement Officer,CPO)。当然也可以根据具体情况增设如财务管理、营销助理之类的岗位。每个岗位职责不同,在实训时需要相互配合。每个岗位人员务必认清自己的责任和义务,只有这样才能共同完成企业的正常经营。

1. 总经理

总经理是一个企业的负责人。他主要负责制定和实施公司总体战略与年度经营规划,主持公司的日常经营管理工作,实现公司经营管理目标和发展目标。现代企业的治理结构分为股东会、董事会和经理班子 3 个层次。

在 ERP 沙盘模拟实训中,忽略了股东会和董事会。企业所有的重要决策均由总经理带领团队成员共同决定,如果大家意见相左,则由总经理拍板决定。做出有利于企业发展的战略决策是总经理的最大职责,同时总经理还要负责控制企业按流程运行;与此同时,总经理在实训中还要特别关注每个人是否能胜任其岗位工作。

(1)首先通过营销主管的市场分析报告做出战略决策,包括第几年进入何种地区市场、产品市场,是否开发质量和环境认证。

(2)每年年初制订年度规划,根据竞争对手的策略进行战略调整。

(3)主持日常经营工作,协调各部门工作关系,同时进行各种策略的制定和决策。

对总经理的要求:了解各部门工作方式和规则,思路清晰、头脑冷静。

2. 财务总监

在企业中,财务总监与会计的职能常常是相分离的,他们有着不同的目标和工作内容。会计主要负责日常现金收支管理,定期核查企业的经营状况,核算企业的经营成果,制定预算及对成本数据的分类和分析。财务总监的职责主要负责资金的筹集、管理,做好现金预算,管好、用好资金。

如果说资金是企业的血液,财务部门就是企业的心脏。财务总监要参与企业重大决策方案的讨论,如设备投资、产品研发、市场开拓、ISO 资格认证、购置厂房等。公司进出的任何一笔资金,都要经过财务部门。在受训者较少时,将财务总监与会计的职能归并到财务总监身上,统一负责对企业的资金进行预算、筹集、调度与监控。在受训者人数允许时,增设主管会计(财务总监助理)分担会计职能。

财务总监每年年初根据各部门的年度计划,编制现金预算表,用以规划企业资金的使用,防止企业因资金断流导致破产。财务总监每年根据企业资金的流入和流出编制现金流量表,反映企业真实资金的流向。每年年末根据企业的运营情况,编制当年的资产负债表和利润表。

(1)根据各部门计划进行资金预算。

(2)根据资金预算制定贷款计划。

(3)日常工作:各年按经营工作登记现金流量、分录,年末填写各种报表。

(4)根据以往年度经营情况进行分析并提出建议。

对财务总监的要求:具有会计及财务分析基础,认真、心细。

3. 营销总监

企业的利润是由销售收入带来的,销售是企业生存和发展的关键。销售总监所承担的责任主要是开拓市场、实现销售。为此,销售总监应结合市场预测及客户需求制订销售计划,有选择地进行广告投放,取得与企业生产能力相匹配的客户订单;与生产部门做好沟通,保证按时交货给客户;监督货款的回收,进行客户关系管理。

销售总监还可以兼任商业间谍的角色和任务,因此他最方便监控竞争对手的情况,比如对手正在开发哪些市场,未涉足哪些市场,他们在销售上取得了多大的成功,他们拥有哪类生产线,生产能力如何等,充分了解市场、明确竞争对手的动向有利于今后的竞争和合作。

(1)分析市场预测图并给出销售建议。

(2)确定各年营销策略,即广告投入策略(根据生产主管提供的产能及库存数据),同时针对广告投入金额与财务主管进行沟通。

(3)了解竞争对手策略并给出针对性的意见。

(4)日常工作:广告单填写、订单登记。

对销售总监的要求:对市场及竞争对手非常了解,具有开拓性,头脑灵活、善于沟通。

4.生产总监

生产总监是企业生产部门的核心人物,对企业的一切生产活动进行管理,并对企业的一切生产活动及产品负有最终的责任。生产总监既是生产计划的制定者和决策者,又是生产过程的监控者,对企业目标的实现负有重大的责任。他的工作通过计划、组织、指挥和控制等手段实现企业资源的优先配置,创造最大的经济效益。

在企业商战运营模拟实训中,生产总监负责指挥生产运营的正常进行、生产设备的维护与设备变更处理、管理成品库等工作。在本书的实训中,生产能力往往是制约企业发展的重要因素,因此生产总监还要有计划地扩大生产能力,以满足市场竞争的需要。

(1)年初计算产能,及时将产能及库存数据告知营销主管。

(2)根据本公司战略制订产品研发计划、市场开拓计划、认证开发计划,并针对资金使用计划与财务主管进行沟通。

(3)根据产品开发计划确定生产线,并制订生产线建设计划及厂房使用计划,同时针对所需资金计划与财务主管进行沟通。

(4)日常工作:根据订单组织生产,并将所需原材料计划告知采购主管,同时针对生产所用资金情况与财务主管进行沟通。

对生产总监的要求:思路清晰、逻辑性强,做事有条理。

5.采购总监

采购是企业生产的重要环节。采购总监负责各种原材料的及时采购和安全管理,确保企业生产的正常进行;负责编制并实施采购供应计划,分析各种物资供应渠道及市场供应变化情况,力求从价格上、质量上把好第一关,为企业生产做好后勤保障;进行供应商管理;进行原材料库存的数据统计与分析。

在企业商战运营模拟实训中,采购总监负责制订采购计划、与供应商签订合同、监督原材料采购过程并按计划向供应商付款、管理材料库等具体工作,确保在合适的时间点,采购合适的物资。

(1)根据生产计划制订原材料采购计划,其目标是实现库存最小化。

(2)针对资金使用计划与财务主管进行沟通。

对采购总监的要求:做事认真、心思缜密。

二、团队人员应具备的专业素养

1.总经理

(1)要多看数据,多分析数据。

(2)头脑清醒,灵活应变。

2. 财务总监

(1)资金运用最大化。

(2)计算精准。

(3)贷款额度准确。

3. 营销总监

(1)间谍速度快,分析准确。

(2)要有广告投放的敏感度。

4. 生产总监

(1)熟知流程,交单准确。

(2)优化生产组织过程,设备变更处理。

5. 采购总监

(1)争取零库存。

(2)保证安全库存。

第二节　商战运营的基本程序

企业商战运营课程的实验项目名称、实验目的和要求、学时分配、实验内容、考核方式详见表2.1。

表2.1　实验项目明细表

序号	实验项目名称	实验目的和要求	学时分配(小时)	实验内容	考核方式
1	战略分析与战略目标确定	企业发展战略是在对企业发展环境的分析的基础上,对企业未来发展方向的规划,因此,战略的分析和战略目标确定是企业经营的前提。通过财务管理沙盘模拟,掌握制订企业发展规划与目标的基本方法,会使用某种战略分析工具对模拟企业进行战略分析并确定战略目标,并进一步理解发展规划在企业经营过程中的重要作用,从而培养和锻炼学生的规划能力与策划能力	2	用态势分析法或战略环境分析法等战略分析工具分析企业的战略环境和地位;制定模拟企业的战略目标和战略实施步骤	战略分析报告的提交及质量

续表2.1

序号	实验项目名称	实验目的和要求	学时分配（小时）	实验内容	考核方式
2	项目投资分析	固定资产投资是企业内重要的决策项目，通过本实验，学生应掌握现金流量的估算方法，会利用项目投资决策方法对固定资产的投资进行财务可行性决策，根据决策结果确定固定资产的投资	8	模拟企业现金流量的估算与折现率的确定；模拟企业待选设备的财务可行性分析，要求至少要用NPV法来决策	固定资产投资可行性分析报告的提交及质量
3	筹资决策	资金是企业经营的血液，合理的筹资会促进企业的发展。通过本实验，学生应了解企业筹资的渠道和方式，掌握企业筹资的条件及偿付条件，掌握企业资金成本的意义及对企业价值的影响	4	模拟企业筹资渠道的确认与选择；企业各种筹资方式的个别资本成本的计算；企业加权资本成本的计算与优化调整	企业筹资渠道与资本成本的决策报告提交及质量
4	全面预算	企业预算是保证战略实现的有效管理控制工具，通过本实验项目，要求学生理解全面预算对企业管理的重要作用，掌握全面预算的编制方法，尤其是现金预算，掌握现金流入与现金流出的合理规划，保证资金链不断裂	4	企业编制的逻辑基础的确定；企业全面预算表的编制；全面预算的考核	模拟企业6个经营年度的全面预算表的提交及质量
5	财务分析	财务分析是企业业绩评价与企业诊断的重要财务工具，通过本实验，要求学生理解财务分析的目的，熟悉财务分析的基本方法，掌握杜邦财务指标体系的计算分析方法	4	计算模拟企业经营年度相关财务比率，包括偿债能力比率、营运能力比率、发展能力比率、利用相关比率评价企业各经营年度的业绩；利用杜邦分析法分析企业业绩变动的原因	模拟企业的财务分析报告的提交及质量

续表2.1

序号	实验项目名称	实验目的和要求	学时分配（小时）	实验内容	考核方式
6	资产与融资组合分析	企业的资产配置状况是使用融通资金的结果，因此资产与融资之间要有相应的组合关系。通过本实验项目，要求学生理解资产与融资组合的关系，具备根据企业资产负债表来判断企业融资组合类型（保守型、稳健性、毛线型）的能力，掌握对不同类型组合的风险与收益的评价	4	利用模拟企业的资产负债表判断企业的融资组合的类型；分析模拟企业融资组合类型的风险与收益；决策调整融资组合的方向和方式	模拟企业融资组合的分析报告的提交及质量
7	实验总结	企业商战运营作为一种综合性实验，完成整个实验需要学生运用财务管理及相关知识，在实验结束后，要求学生把6个经营模拟期的经验、教训和感想记录下来，以形成对企业的策略	4	撰写企业商战运营实验总结	企业商战运营实验总结的提交与质量
合计			30		

要想取得好的企业商战运营实训教学成果，应当特别重视对实训人员的考核机制的设定，使其重视实训并积极参与其中，所以恰当而简便、可操作的成绩评定方法不可缺少，本书提供了编者在教学中应用的考核方法与标准，以供参考。

第三节　教学建议

如果仅以本书作为与其他理论课配套的实践内容，建议30学时。

如果作为毕业设计前的综合实习，建议实验课时1~2周。

Chapter 3

第三章

企业商战运营规则

第一节 企业商战分析

一、规则领会——"商战"实践平台重要经营规则

(一)生产线

生产线是商战运营中最重要的因素。生产线的采用方式、购买价格、安装周期、生产周期直接影响着企业经营规则,表3.1中列出了引用生产线的条件。

表3.1 生产线条件明细表

名称	购买价格	安装周期	生产周期	总转产费用	转产周期	维修费	残值	折旧费	折旧时间	分值
手工线	35 W	1 季度	2 季度	0 W	0 季度	10 W/年	10 W	10 W	4 年	5
自动线	150 W	3 季度	1 季度	20 W	1 季度	10 W/年	30 W	30 W	5 年	10
柔性线	200 W	4 季度	1 季度	0 W	0 季度	10 W/年	40 W	40 W	5 年	10
租赁线	0 W	1 季度	1 季度	20 W	1 季度	70 W/年	-90 W	0 W	0 年	0

(1)安装周期为1,表示即买即用。
(2)不论何时出售生产线,价格为残值,净值与残值之差计入损失。
(3)只有空生产线方可转产。
(4)当年建成生产线需要交维修费。
(5)折旧(平均年限法):建成第1年不进行折旧。

(二)融资

资金是企业生产的动力。表3.2中列出了贷款类型、贷款时间、贷款额度及还款方式。

表 3.2 融资方式明细表

贷款类型	贷款时间	贷款额度	年息	还款方式	备注
长贷	每年年初	所有长、短贷之和不超过上年权益3倍	10%	年初付息,到期还本	不小于10W
短贷	每季度初		5%	到期一次还本付息	
资金贴现	任何时间	视应收账款额确定	1季,2季:10% 3季,4季:12.5%	变现时贴息	1,2期可以联合贴现(3,4期同理)
库存拍卖		100%(产品) 80%(原料)			

(三) 厂房

商战运营中厂房的采用方式以及价格等直接影响着企业运营规则,详见表3.3。

表 3.3 厂房规则明细表

名称	购买价格	租金	出售价格	容量	分值
大厂房	400 W	40 W/年	400 W	4	10
中厂房	300 W	30 W/年	300 W	3	7
小厂房	200 W	20 W/年	200 W	2	5

厂房出售得到4Q(账期)的应收款,紧急情况下可用厂房贴现,直接得到现金。厂房租入一年后可以买入、退租,如续租系统会自动完成。

(四) 市场开拓

开发费用按开发时间在年末平均支付,不允许加速投资。市场开发完成后,领取相应的市场准入证,详见表3.4。

表 3.4 市场开拓明细表

名称	开发费	开发时间	分值
本地	10 W	1 年	0
区域	10 W	1 年	10
国内	10 W	2 年	10
亚洲	10 W	3 年	10
国际	10 W	4 年	10

(五) ISO 资格认证

开发费用在年末平均支付，不允许加速投资，但可以中断投资。开发完成后，领取相应的资格证，详见表3.5。

表3.5　ISO 资格认证条件明细表

名称	开发费	开发时间	分值
ISO 9000	10 W	2 年	10
ISO 14000	15 W	3 年	10

(六) 产品研发

产品在研发中，开发费用在年末平均支付，不允许加速投资，但可以中断投资。具体研发条件详见表3.6。

表3.6　产品研发条件明细表

名称	开发费	开发时间	加工费	直接成本	分值	产品组成
P_1	10 W	2 季度	10 W	20 W	10	R_1
P_2	10 W	3 季度	10 W	30 W	10	$R_2 + R_3$
P_3	10 W	4 季度	10 W	40 W	10	$R_1 + R_3 + R_4$
P_4	10 W	5 季度	10 W	50 W	10	$R_1 + R_2 + R_3$
P_5	10 W	6 季度	10 W	60 W	10	$R_1 + R_2 + R_4$

(七) 原料设置

企业运营中原料的耗费直接影响着企业利润。原料设置详细内容见表3.7。

表3.7　原料设置明细表

名称	购买单价	提前期
R_1	10 W	1 季度
R_2	10 W	1 季度
R_3	10 W	2 季度
R_4	10 W	2 季度

第二节 企业商战运营需求分析

每年一度的全国大学生企业模拟经营沙盘大赛(简称国赛)吸引着广大学生和老师的关注,从2005年第1届的十几支参赛队伍,经过短短10年就发展到如今近300支参赛队伍同场竞技,沙盘的魅力可见一斑。对于各个公司及企业来说,沙盘不仅仅是一个游戏模型,通过企业沙盘战略的实施,也为企业未来发展规划的制订起到了先导作用。

下面将沙盘运营流程中每一个环节进行分解,逐一对每一步所涉及的一些技战术进行分析探讨。

一、新年度规划会议(战略选择)

新年度规划会议,在流程表中没有资金的流动,也没有任何操作,因此很多初学者往往把新年度规划会议给忽视了。而恰恰相反,一支真正成熟的、有竞争力、有水平的队伍,往往会用全部比赛时间的3/4以上来进行年度规划。那到底什么是年度规划?年度规划要做些什么?怎么做呢?

首先,年度规划会议是一个队伍的战略规划会和全面预算会和决策会。可以对照经营流程表将这个企业要做的决策模拟一遍,从而达到"先胜而后求战"的效果。套用《孙子兵法》里的话:"规划,企业大事也,生死之道,存亡之地,不可不查也。"

那么规划应该怎么做才能有效呢?总体来说就是根据流程表上的步骤全部模拟一遍。当然其间会涉及很多技巧,但有几点通用的规律,正如老子说的"道"。只要真正地掌握了道的法门,自然会演化出各种各样的"术",也就是我们说的技巧。

二、广告投放

根据年度规划及竞争对手的生产状况及有效的市场容量实现高效的广告投放,以实现优先选单。

1. 广告投入存在随机性、盲目性,加大了广告投放难度

由于第二年初是第一次投放广告,各组经营策略及经营信息不对等,加上各组熟练程度不同,广告投入的盲目性、随机性很大。经分析,各组主要有以下4种心态:

(1)认为第二年初应投入较多广告费,争取拿到最多、最有利的订单。

(2)认为根据自身产能与资金投入较多广告费,但最终没有拿到理想订单。

(3)投入适度广告费,订单拿到也较多,但因产能不足违约,退出竞争。

(4)适度广告投入,不计较订单,只求打下扎实基础。

2. 广告投入产出分析

很多组在第二年由于过度盲目投放广告费去争取订单,从而导致现金流出过多,而不得不推迟产品的研发以及生产线的建设,最终导致由于产能无法扩大、现金流出过多,被迫在后期要筹集更多的资金,付出更多的财务费用。同时,由于广告费费用过大,导致当期利润不能相应增加,所有者权益也快速下降,对后期的资金筹集产生负面影响。

可见,一味追求以较高的广告投入获得较多订单的策略并不是企业经营的最优策略,企业所追求的目标应该是使投放的广告费产生最大效益,使广告投入产出比最大化,尽量避免浪费。

经常做沙盘的人都知道,通常由于市场逐渐开拓和产品种类的丰富,产品需求量在后两年会大幅度增加,因此市场老大的真正价值也就是在于前4年的市场选单。由此,商场老大效应就会延续到第4年。这就意味着如果第一年投入110W(W 单位货币)广告费抢市场老大,之后3年每年投20W 在这个市场拿两种产品的订单,则3年来在这个市场总共投入150W 的广告费中,平均每年该市场广告费为50W。如果将这50W 的广告费分散投放到不同的产品市场,获得的订单是否会优于抢老大的情况呢?实践证明,在大家产能都比较少、市场竞争不激烈的情况下,50W 完全可以很顺利地将产品卖完,这时如果不经过周密的计算,贸然投广告费去抢市场老大,会得不偿失。相反,在大家产能都很高、竞争非常激励的情况下,市场老大的优势才会体现出来。

另外,"市场老大是指该市场上一年度所有产品总销售额最多的队,其有优先选单的权利。在没有老大的情况下,根据广告费多少来决定选单次序。"于是很多人就存在了一个误区,以为市场老大就是比谁的广告费多。其实不然,市场老大最终比的是整个市场的总销售额,而非一个产品单一的销售量。例如,甲公司只有 P_1 产品,而乙公司拥有 P_1 和 P_2 两种产品,那么在选单过程中,即使最大的 P_1 订单是被甲公司获得了,但是只要乙公司 P_1 和 P_2 两种产品的销售总额大于甲公司,那么无论甲公司投入多少广告费,市场老大仍然不会归甲公司所有。这就要求我们在抢占市场老大时,不仅是靠投入广告费,更多的要利用合理的产品组合智取市场老大。

该投多少广告费?广告费该怎么投?该投多少?这往往是初学者经常遇到的一个问题,很多人希望得到一个通用的公式。沙盘比赛中,真正博弈交锋的战场就是在市场的选单,而产品、市场的选择都集中反映在广告投放策略上。不同的市场、不同的规则、不同的竞争对手都可能导致广告投放策略的不同。因此要想找一个公式,从而做到广告投放的准确无误是不可能的。那是不是投放广告就没有任何规律可循呢?当然不是,很多优秀的营销总监都有一套市场投放的技巧和策略。通过前述市场状况分析可以得出产品单价、数量、毛利等指标,详见表3.8。

表 3.8 产品单价、数量、毛利关系表

		本地	区域	国内	亚洲	国际	合计	平均
P_1	单价	60	60	62.8	60	59		
	数量	87	62	59	59	19	346	13.31
	毛利	40	40	42.8	40	39		
	总毛	3 480	2 480	2 525.2	2 360	3 081	13 926.2	535.62
P_2	单价	67.4	66.8	65.2	67.1	72.7		
	数量	57	50	48	45	48	248	9.54
	毛利	37.4	36.8	35.2	37.1	42.7		
	总毛	2 131.8	1 840	1 689.6	1 669.5	2 049.6	9 380.5	360.79
P_3	单价	83.9	77.7	78.4	79.2	82.5		
	数量	60	45	47	40	40	232	8.92
	毛利	43.9	37.7	38.4	39.2	42.5		
	总毛	2 634	1 696.5	1 804.8	1 568	1 700	9 403.3	361.67
P_4	单价	93.5	97.2	91.4	96.2			
	数量	23	30	33	43		129	4.96
	毛利	43.5	47.2	41.4	46.2			
	总毛	1 000.5	1 416	1 366.2	1 986.6		5 769.3	221.90

注:P_1、P_2、P_3、P_4 各产品的直接成本分别为 20W、30W、40W、50W,参赛队共计 26 队

通常拿到市场预测后,首先做的就是将图表信息转换成我们易于理解的数据表。通过转换,可以明确地看出各种产品、各个市场、各个年度的需求和毛利。弄清不同时期的"金牛"产品,更重要的是,通过市场总需求量与不同时期全部队伍的产能比较,可以判断出该产品是"供大于求"还是"供不应求"。还可以将总需求量除以参赛队数,从而得到平均需求量。如果打算出售的产品数量大于平均值,就意味着需要投入更多的广告费用去抢占市场份额,反之则可以少投入广告费。

除根据需求量分析外,还要考虑整体广告方案,若在同一产品上有多家企业的广告投入相同,则按该市场上全部产品的广告投入量决定选单顺序;若市场的广告投入量也相同,则按上年订单销售额的排名决定顺序。如果在某一市场整体广告费偏高,或者前一年度销售额相对较高的情况下,可以适当优化部分产品的广告费用,从而实现整体最优的效果。

三、参加订货会/登记订单

在选单环节之前,首先要计算本企业的产能,甚至每个季度的产能情况,有多少产品

是可以通过转产来实现灵活调整的。在对自己的产能情况了如指掌后,通过分析市场预测,确定出准备在某个市场出售多少个产品,同时决定相应的广告费。

在所有组的广告投放完之后,裁判通常会将所有广告情况下发,我们可以快速分析出自己在各个市场选单的次序。同时对比原来设计的产品投放安排,根据各个市场选单排名做出及时的调整,保证顺利的实现销售。

选单过程中经常会遇到如下两种情况:①需求量大的单子往往单价低、利润少,容易造成库存积压。②单价高、利润大的单子,往往数量少。如何选单要根据市场情况灵活应对。

初期,大家的产能相对市场需求比较大,由于前期发展的需要,建议以尽可能多的销售产品为目标。后期,由于市场和产品的多样化,以及部分企业的破产倒闭,市场竞争反而不太激烈。在这样的情况下,很多时候只要投10W就有可能"捡到"一次选单机会,这时"卖完"已经不是企业最重要的任务,而更多的应该考虑怎么将产品"卖好"。特别是大赛,到了后期强队之间的权益可能只相差几十万甚至几万,而大家的产能都达到了上限,这个时候如果可以合理地精选单价高的订单,就可以获得几十万甚至上百万的毛利优势。

最后分享关于订单分解的经验,仅适用于标准订单,比赛时候的具体情况进行调整,通常情况下订单最大数=该市场该产品总需求÷(参赛组数÷2)。若大于4则向下取整;若小于4向上取整。第二大单的数量受第一大单影响,若第一大单大于4则减2;若第一大单小于4则减1。

四、参加竞拍会/登记订单

(一)竞单规则的几点说明

竞拍也称为竞单或者招标。是从第4届国赛开始独有的一种选单模式,打破了原先订单总价、交货期、账期都是事先规定好的限制,通过"暗标"的方式来获取市场订单。本书第三章第三节对竞单规则有详细的描述,在此不再叙述,但是一下两个问题需要进一步解释。

为什么对竞得单张数进行限制。主要是为了防止恶意串谋。如2010年浙江省赛,某三本院校在自身出现无望的情况下,为了支持本部,在最后一年让其本部院校在选单市场中吃饱,可以销售掉所有产品,从而在竞单环节,该三本院校多有订单都出最低价拿到,导致多所院校最后一年库存积压,最后,该三本院校破产,本部院校成功晋级。

为什么竞单时不允许紧急采购,也不允许市场间谍。主要是为了防止某些队蓄意破坏或串谋,他们可能恶意低价竞得订单,然后通过紧急采购或者有偿间谍将现金减少,导致其竞得的订单作废,这样一则可能蓄意扰乱市场,二则可能对某些对手进行"陷害"从而达到支持某队的目的。

下面以2011年江西省赛的例子来说明,第5年经营结束时,江西财经大学由于产能不太理想,在正常情况下,极有可能排在本组的第3名,但在最后一年,该队沉着冷静,仔细分析了华东交通大学主要以 P_4 产品为主,并且在选单市场 P_4 尚未吃饱,准备在竞单市场大显身手的现象,江西财经大学制定了一套神奇的策略,他们在竞单市场将 P_4 产品均以最低价全部竞得后,马上进行有偿间谍活动,使自己的现金迅速减少,总共损失了 13W(60W 为初始资金),且系统在派发竞单时,由于资金不够,其竞到的 P_4 订单全部作废。最终华东交通大学损失惨重,由稳居第 2 名变成屈居第 3 名。江西财经大学成功晋级。

(二) 竞单风险分析

竞单规则中,由于每种产品都可以卖出直接成本 3 倍的价格,巨大的利润对每支参赛队来说都是一种无法抗拒的诱惑,甚至可能出现极端的情况,将所有销售全部押在竞单市场上。但是由于竞单市场的数量有限,必然有个别组无法拿到足够的订单导致大量库存积压。也会因为竞争太激烈而大打价格战,出现大幅度降价倾销的情况,这种种不确定性都大大增加了竞单市场的风险。

既然风险这么高,那是不是最好就不竞单了,只要在选单市场稳稳地接单销售,保持稳定增长就可以了呢?当然,如果采取保守策略,风险可以有效得到避免,但很有可能与成功擦肩而过,以 P_2 产品为例,假设有另一组同为 P_2 的专业户,第 4 年结束权益略高于对手 50W~100W。纵观大部分市场预测,P_2 后期在各个市场中的毛利极低,平均在 30W~35W,而在竞单中,其最大毛利可以达到 60W,假设你全部在订货会上进行销售,而对方选择竞单市场销售,那么只要成功在竞单市场以最高价限价卖出 3~4 个 P_2 产品,毛利就会比选单市场多 80W~100W,实现权益反超,事实上,大家仔细看湖南科技大学第 4 届国赛数据会发现,正是充足的利用好了第 5 年和第 6 年的竞单市场,才使最后两年权益有了质的飞越,最终成功问鼎。

根据往年国赛的经验,竞单信息会提前一年下发给各个组,之所以如此,就是为了给各组留出充分的时间考虑参与竞单的策略,由于竞单会是在选单以后进行的,这就意味着一旦没有通过竞单销售完产品,将没有其他途径获得订单,那么只会造成产品库存积压。这就需要提前考虑好竞单产品的品种,数量和价格,以免交货期及账期等因素,尤其再分配竞单会和选单会比例上非常关键,留下来参与竞单的产品数量越小,其风险就越小,但相对来说收益也可能越小。反之亦然。

竞单环节的引入,大大提高了比赛的博弈性,要在做好周密预算的基础上,充分吃透规则,因势利导,运筹帷幄,才能达到出其不意的效果,正如第五章第三节所述,通过技巧性的违约和紧急采购,可以相对平衡风险和利润,达到灵活多变的效果,最终获取更高的利润。

(三) 交货期、应收账款与总价关系分析

在竞单中,有 3 个变量需要我们手工填写,即总价、交货期和应收账期。取得订单的条件是根据公式"得分 = 100 + (5 - 交货期) × 2 + 应收账期 - 8 × 总价 (该产品直接成本 × 数量)",以得分最高者中标,如果计算分数相同,那么先提交者中标,如果总价很低,账期很长,交货期很短,得分虽然高了,但是权益相对来说就非常低了。相反,如果总

价很高,账期很短,交货期很长,那么会导致得分很低从而无法获得该订单。因此除了利用市场准入,ISO 限制等常规条件造成相对垄断的情况外,如何设置这 3 个变量,找到得分和收益的最佳平衡点是竞单成败的关键。

为了保证得分不变,不同产品交货期减少 1 个季度对单价的影响,及应收账期增加 1 个季度对单价的影响,见表 3.9。

表 3.9 交货期、应收账期变动与单价的关系

单位:W/个

产品	直接成本	交货期减 1 对单价的影响	应收账期增 1 对单价的影响
P_1	20	+5	+2.5
P_2	30	+7.5	+3.75
P_3	40	+10	+5
P_4	50	+12.5	+6.25

首先来看交货期对单价的影响。从竞单公式中可以看出,交货期每降低 1 个季度,若保证总分不变,(8×单价/该产品直接成本)可以增加 2,以 P_1 为例(直接成本为 20W/个),单价可以提高 5W/个。同理计算出 P_2、P_3、P_4 的对应值。

应收账期每增加 1 个季度,若保证总分不变,(8×单价/该产品直接成本)可以增加 1,以 P_1 为例(直接成本为 20W/个),单价可以提高 2.5W/个。同理可以计算出 P_2、P_3、P_4 的对应值。

从表 3.9 中可以看出,交货期对单价影响较大,因此,如果压存货参与竞单,在交货期上保持优势,在竞单中胜算比较大。特别是数量较大的高端产品订单,以 6 个 P_4 产品为例,可以 1 个季度交货,即使单价高于 4 个季度交货的 37.5W/个,也可以得单,且总利润可以多 225W,因此越是高端产品,数量越大,交货期的优势越明显。

通过分析,我们可以得知在订货会上尽量选择交货期靠后的单子,尽可能将交货期短的产品留在竞单市场,以谋取更多的利润,同时交货期的另外一个影响是产能,产能越大,相对来说可以早交货的产品就越多,因此,大产能是在竞单市场中获得高利润的法宝。

应收账期对单价的影响只有交货期的一半。我们仍以 6 个 P_4 产品为例,要求 4Q 回收现金可以比 0Q 最多单价高出 25W/个,总利润相差 150W,那我们到底应该都填 4Q 以获得更好的产品总价?还是应该都填 0Q 以获得更好的现金流?我们来看上述例子,要求 4Q 回收,多出 25W/个,将其贴现需要多少费用?若单价低于 200W/个,贴现费用小于 25W,因此 4Q 应收合算。而 P_4 最高价为 150W/个,显然 4Q 应收,高单价核算,要求 2Q 回收与 0Q 相比,最高单价可以高出 12.5W/个,单价高于 125W/个,贴现费用大于 12.5W,显然 0Q 出低价合算。单价低于 125W/个,贴现费用小于 12.5,出高价 2Q 合算。

31

其他情况可同理计算,并无一定之规。

五、支付所得税

(一)关于所得税计算

很多初学者对于沙盘中的所得税的计算不是很清楚,什么时候该交,什么时候不需要交,常常存在疑惑。

所得税在沙盘中是一个综合概念,可以理解成模拟的企业经营盈利部分所要交的税费。交税满足的几个条件。

经营当年盈利(税前利润为正),弥补了前面最多5年亏损后,仍盈利。表3.10为以利润为计算依据的实例说明。

表3.10 所得税计算表

单位:W

年份	第1年	第2年	第3年	第4年	第5年	第6年
税前利润	-10	50	-20	-30	40	130
所得税	0	10	0	0	0	30
年度净利润	-10	40	-20	-30	40	100

第1年亏损当然不交,第2年盈利了50W,补了第1年亏损后盈利40W,税率25%,则所得税为10W。第3年和第4年亏损,不交税,第5年盈利,但不足以弥补第3年和第4年的亏损,故不交税。此处需要注意,第1年虽然亏损,但在第2年已经弥补,所以第5年不需要再次弥补。第6年盈利,需要与未交税的第3、4、5年累计计算应税利润,为$(-20)+(-30)+40+130=120W$,所得税为30W。总之,从当年开始,与前面连续无所得税年份(最多5年)的税前利润累加,得到应税利润,若大于零,则需交所得税。

系统中只取整数,出现小数则四舍五入。下面以两个例子进行说明,分别见表3.11和表3.12。

表3.11 所得税计算表(一)

单位:W

年度	第1年	第2年	第3年	第4年
税前利润	-160	50	111	5
所得税	0	0	0	2
年度净利润	-160	50	111	3

第 3 年累计税前利润为 1W,应税利润 1W,所得税为 0.25W,四舍五入后,当年不交。由于第 3 年没有交,所以当年 1W 的应税利润要累计到下年,第 4 年税前利润为 5W,应税利润为 6W,四舍五入后,所得税为 2W。

表 3.12 所得税计算表(二)

单位:W

年度	第 1 年	第 2 年	第 3 年	第 4 年
税前利润	-160	50	115	5
所得税	0	0	1	1
年度净利润	-160	50	111	4

第 3 年累计税前利润为 5W,应税利润为 5W,所得税为 1.25W,四舍五入为 1W。由于第 3 年交了税,所以当年的 1W 未交应税利润不要累计到下年,第 4 年税前利润为 5W。应税利润为 5W,所得税为 1W。

从以上两例看出,即使有小数,还是符合以下原则:从当年开始,与前面连续无所得税年份(最多 5 年)的税前利润进行累加,得到应税利润,若大于零,则要交所得税。

(二)合理"避税"

学习计算所得税之后,就会想到利用"四舍五入"这一规则进行合理避税。假设系统采用 25% 的税率政策,通过预算发现当年年应税利润是 $(4N+2)$ 时,其中 N 为非负整数,可以主动贴现,增加一个贴息,将应税利润减少到 $(4N+1)$,所得税将由 $(N+1)$ 减少到 N,此情况下,年度净利相同,但后者增加了资金的流动性,保证了年初充裕的广告费。

最后,关于交税的时间。税是在年底算出来的,但是税款不是在当年结束时支付的,因此报表里"应交所得税"那一项是在负债里面体现的。直到第 2 年投放广告费的时候,税会连同到期长贷本息和广告费一起支付,这个系统有明确的提示。有的组在投放广告时系统提示说现金不足,无法投放广告,其实原因就是除了广告费用以外,还要扣减税费、长贷利息和到期长贷。

六、申请及更新长、短贷与支付利息

融资策略,不仅直接关系到企业的财务费用多少,更重要的是直接影响着企业的资金流。我们经常看到很多初学者就是没有合理安排好长、短贷的融资策略,结果要么就是被高额的财务费用吃掉了大部分的利润,要么就是因为还不起到期的贷款而导致现金断流、企业破产。

在分析融资策略之前,我们必须明确几个基本概念。我们贷款的目的是为了赚钱,通俗来说就是利用借来的钱所赚的钱要比所要支付的利息多,在此种情况下只要允许,借的越多就意味着赚得越多；相反如果赚的钱还不够支付利息，那么借的越多就亏得越多。这就是财务杠杆作用，因此我们可以简单分析出，不贷款绝不是经营企业最好的策略。

那么怎么样的贷款融资策略才是合理的呢？教科书上告诉我们，长贷用来做长期投资，比如新建厂房和生产线、市场产品的研发投资等；短贷用来做短期周转，比如原材料采购、产品加工费用等。这样自然是最稳妥的方法，但是在高水平的沙盘比赛中，如果仅仅采用这样保守的方案，不一定可以获得最大的收益。

长贷利率通常比短贷利率高，因此，尽量多的使用短贷的方式来筹集资金，可以有效地减少财务费用，在短贷的具体操作上，有以下两个技巧。

一是短贷的利率为 5%，且利息计算是为四舍五入，借款数以 $(20N+9)$ 为最佳，其中 N 为正整数，因为 9 部分对应利息为 0.45，根据四舍五入法则，恰好可以不计利息。

二是短贷尽量分散在一年的 4 个季度中，且只要够用，贷款时间尽量推后，只要权益有保证，就提前 1 个季度新的短贷归还到期贷款，从而保证以贷养贷策略的顺利实施，但这紧接着贷款额度的下降将导致无法用新的贷款来弥补资金缺口，会陷入现金断流而破产的境地。

如果前期大量使用长贷，会导致财务费用过高，从而大量侵蚀企业利润，使得企业发展缓慢。有的组一开始就拉满长贷，结果到了第 6 年要还款的时候，无法一次性筹集大量的现金，最终导致现金断流而破产。但这并不是说全部长贷策略就一定会失败，如果可以充分利用长贷还款压力小的特点，前期用大量的资金扩大产能、控制市场的产品，那么凭借其惊人的产能和市场的绝对控制权，可以创造巨额利润，加上利用分年长贷的方式（即第 4、5、6 年各还一小部分长贷本金），也可以达到意想不到的效果。

另外长贷的使用还有一个小技巧，其利率一般为 10%，且利息计算四舍五入，与短贷类似，其当年计算本金数以 $(10N+4)$ 为最佳，其中 N 为正整数，因为 4 部分对应利息为 0.4，根据四舍五入法则，恰好可以不计利息。

企业整体战略决策加上精准财务预算，是决定长、短贷比例最重要的因素，只要合理调节好长、短贷的比例，把每一分钱都投入到最需要的地方，让它变成盈利的工具，就可以让借来的钱为我们服务，创造出更多的利润。

七、原材料更新/入库、下原料订单

（一）零库存管理

原材料的精准计算及采购策略的合理制定是 MRP 的核心内容之一，也是影响一个企业资金周转率的重要因素。以丰田汽车为首的零库存管理方法得到了很多人的推崇，创造了明显的效益。

推崇"零库存"管理，因为资金是有时间成本的。通俗地讲，在企业经营中，这些钱是需要支付利息的,而在沙盘企业中,原材料库存本身是不会产生利润的。因此,原材料库存越多,就意味着需要更多的贷款,财务费用也越多,同时降低了资金周转率。因此减少库存是企业节流的一项重要举措。

企业沙盘模型中,产品的物料清单(BOM)是确定的,且原材料采购的时间周期也是确定的,因此我们可以通过明确的生产计划,准确的计算出所需原材料的种类和数量,以及相应的采购时间。例如 P_2 产品的原材料是 R_2+R_3 构成,要在第 4 季度交 1 个 P_2 产品,是自动线的话第 3 季度就必须上线开始生产了。且 R_2 和 R_3 原材料都到库。由于 R_2 原材料需要提前一个季度采购,R_3 原材料需要提前两个季度采购,因此,我们需要在第 1 季度下 1 个 R_3 原材料订单,在第 2 季度下 1 个 R_2 原材料订单。这样就可以保证在 P_2 第 3 季度需要上线生产时正好有充足的原材料,同时才可以保证第 4 季度 P_2 产品生产下线准时交货。

以上就是最基本的生产采购流程,通过精确计算,做到对于每一个原料订单,都明确何时有何种产品需要实现零库存的目标。

(二)百变库存管理

在实现零库存管理后,说明我们已经可以熟练掌握生产排程。但是零库存管理是基于将来产品产出不变的情况下做的安排,而实际比赛中,经常会利用柔性线转产来调整我们已有的一些生产计划。以应对变化的市场。因此追求绝对的零库存,就暴露出一个问题:不能根据市场选单情况及时灵活的调整生产安排。因此在有柔性线的情况下,我们的原材料采购计划应该多做几种方案,取各种采购方案中出现的原材料数额按最大的值。

例如现有一条柔性生产线,我在第 2 年第 1 季度有可能需要上线生产 P_2 产品,也有可能上线生产 P_3 产品。P_2 产品由 R_2+R_3 构成,P_3 产品由 $R_1+R_3+R_4$ 构成。生成安排不确定,通过分析可以发现,要在第 2 年第 1 季度实现任意产品的转换,需要在第 1 季度保证有 R_1、R_2、R_3、R_4 4 种原材料各一种。

要想充分发挥柔性线的转产优势,必须做好充分的原材料预算,预见可能出现的拿单情况。提前在第 1 年的第 3 季度和第 4 季度的原材料采购订单中做好转产的准备,同时在第 2 年减少相应的原材料订单,从而将多订的预备转产的原材料库存消化掉。

做好原材料的灵活采购计划、百变库存管理,是保证后期的机动调整产能、灵活选取订单的基础,同时需要兼顾到资金周转率,才能发挥出柔性生产线最大的价值。

八、购买/租用厂房

(一)租厂房 VS 买厂房

规则规定厂房不考虑折旧,如果购买了厂房,只是将流动资产的现金变成了固定资产的土地厂房,资产总量上并没有变化。而且通过购买厂房的方式,可以节约租金。因此,如果是自有资金充裕的情况下,购买厂房比租厂房更划算。

以2011年国赛规则为例,长贷的利率是10%,短贷的利率是5%,厂房规则见表3.13。

表3.13 厂房规则

类型	买价/W	租金/W	售价/W	容量/条
大厂房	440	44	440	4
中厂房	300	30	300	3
小厂房	180	18	180	2

各类厂房的租金售价比均为10%,与长贷利率相同,但长贷利率是一年以后付息,而租金是租入是立即缴纳,显然自有资金不足,长贷购买厂房划算,短贷利率仅5%,若资金可以周转,以短贷购入厂房会更为划算。

在第1年初,不仅有初始资金,还有充足的贷款额度,因此通常不会出现资金紧张的局面。而第1年末的权益会直接影响到第2年企业的贷款额度,所以第1年往往会减少费用的支出,想尽办法控制权益的下跌。根据上述分析我们不难看出,第1年开局,即使利用银行贷款来买厂房,也会减少厂房租金的费用支出,对权益的保持是非常有帮助的。当然,如果第1年大规模铺设生产线,购买厂房可能导致资金不足。

(二)厂房类型选择

根据不同类型的厂房,分摊每条生产线的租金,大、中、小厂房分别为11W/条、10W/条、9W/条,以此为根据,看似小厂房最合算,根据厂房数上限为4的规则,最多只能建8条生产线,若建成4个大厂房,最多可以容纳16条生产线,4个大厂房比4个小厂房多付租金104W,但只要有市场,只要多建1或2条生产线就可以赚回,何况最多可以多建8条生产线。

可见,只要有市场,就应该尽量选择容量较大的厂房,多建生产线,同时保证厂房的生产线位不空。

(三)厂房出售与购买

规则提供了两种处理厂房的方式,一种是出售厂房,将厂房价值变成4Q的应收款,如果厂房内还有生产线,同时扣除厂房租金。另一种是通过厂房贴现的方式,相当于直接将厂房出售后的4Q应收款贴现,同时扣除厂房租金。

本质上,两种厂房处理方式相同,但是,由于贴现的应收款账期不同,贴息也是不同的,因此如果可以预见到资金不够需要厂房处理来变现,可以提前出售厂房(厂房买转租)。那么当需要现金的时候,原来4Q的应收款,就已经到了2Q的应收款,可以节省出部分的厂房贴现费用。

另外,企业在后期有钱,想买厂房的时候,发现总是不能租转买。其实是因为厂房租金是先扣再用的,例如第 5 年的租金,可能第 1 季度就扣掉了,而到了第 2 季度的时候想租转买,是无法执行的。只能等到第 6 年的第 1 季度的厂房处理的时候,将厂房由租转买。相反,出售厂房或者厂房买转租则没有这样的限制,每个季度到厂房处理时都可以处理。

九、新建/在建/转产/变卖生产线

(一) 生产线的性价比——用数据说话

做沙盘最基本的功夫就是计算,正确的决策背后一定是有一系列的数据做支撑。下面我们就生产线的性价比进行讨论,以 2011 年国赛规则为例来分析,资料详见表3.14。

表3.14 生产线规则

类型	购置费/W	安装周期/Q	生产周期/Q	总转产费/W	转产周期/Q	维修费/(W·年$^{-1}$)	残值/W
手工线	35	无	2	0	无	10	10
租赁线	0	无	1	20	1	55	-55
自动线	150	3	1	20	1	20	30
柔性线	200	4	1	0	无	20	40

自动线最为常用,一般以此为比较标杆,两条手工线产能和一条自动线相等,维修费用也相同,而从这就考虑,两条手工线累计折旧为50W,一条自动线累计折旧为120W,节约70W,以此类推,建两条手工线可以多出70W 的收益,在考虑到手工线不在安装周期,两条手工线可以比自动线多产出 3 个产品,以40W 的毛利率,又多出 120W 的收益,累计可以多出 190W 的收益。以此类推,是不是手工线更合理呢? 不一定,两条手工线比一条自动线多占了一个生产线位,如果市场够大,极端的讲可以容纳16 条自动线,当然用自动线更好,如果市场不大,只能容纳最多 8 条自动线,可以考虑改建手工线,两者之间,可以考虑两类生产线的组合,当然还要考虑手工线有转产的优势。

柔性线购买价格比自动线贵了50W,如果可以用满 4 年,相当柔性线比自动线贵40W。从规则中可知,柔性线的优势在于转产,那么我们假设自动线转产一次,这时需要停产一个周期,同时支付 20W 的转产费。由于柔性线安装周期比自动线多一个周期,因此停产一个周期也相当于基本持平。这时自动线仍然比柔性线少支出 20W。但是如果自动线开始第 2 次转产,又需要停产一个周期和 20W 的转产费,显然柔性线可以比自动线多生产出一个产品,更具优势。

租赁线是非常特殊的一类生产线,兼具手工线和自动线的优势,建设时不需要任何投入,仅需在年末支付55W维修费,比自动线多出35W维修费,在扣除自动线30W折旧费,相差5W,若用5年,仅相差25W,但其不需要安装周期,比自动线可以多产出3个产品,完全可以赚回来这25W,而且其前期资金压力小,优势不可小觑。

十、紧急采购

紧急采购是规则中相对不被重视,甚至很多队伍都将这个规则忽略了它的存在,认为一旦涉及,就是亏本的买卖,不能做。事实上,恰恰是这么一个不起眼的规则,在市场选单和竞单过程中,可以发挥出奇兵的重要作用。

例如,在选单过程中,第5年、第6年的国际市场,P_1产品均价可以达到60W,而这个时候,P_1产品的紧急采购价格也就是60W。这就意味着,一选单时如果出现大单而自己产能不够时,完全可以利用紧急采购来补充。另外还可以利用这样类似代销的模式,扩大在该市场的销售额,从而帮助企业抢到市场老大的地位。同样别的产品也是如此,通过销售紧急采购可以无形的扩大自己的产能。

另外在竞单规则中,由于产品最大销售价格可以是该产品直接成本的3倍。因此如果接到的订单是直接成本3倍的价格,即使产能不够,也可以利用紧急采购来弥补,同时因为紧急采购是随时可以购买,即买可以即卖,所以还可以在交货期上占有一定的优势。

但是要注意,用紧急采购来交货并不是完全没有副作用的,即使在成本上没有亏损,也会导致把现金变成了应收款,因此在使用该方法时要先做好预算,看现金流是否可以支撑。

十一、按订单交货

合理安排订单交货时间,配合现金预算需要,可以起到削峰平谷,减少财务费用的效果。通常来说,产出了几个就按订单交几个,尽量多的去交货,但是有的时候,还应该参考订单的应收款账期,使得回款峰谷与现金流的谷峰正好匹配。

例如现在我获得了两张订单,其中一张订单4个P_1总额是200W,账期为3Q。另外一张订单为3个P_1总额为150W,账期为2Q。假设有2条自动线,第2季度正好生产出了4个P_1产品可以用于交货,而通过预算发现,第4季度的研发费和下一年的广告费不足,可能会导致资金断流。这个时候,如果交的是4个P_1的订单,显然,在第4季度时货款还是1Q的应收款,须通过贴现的方式变现,会增加财务费用。而如果第2季度不是产多少交多少,而是充分考虑的订单的应收款账期因素,在预算到第4季度的财务压力后,先交3个P_1的订单,那么在第4季度就可以将150W的应收款收回,正好可以填补研发费、广告费的需求。从而避免了贴现造成的财务费用。

因此合理安排订单交货时间和次序,关注订单的应收款账期,通过细致的预算和资金筹划,可以起到很好的"节流"效果。

十二、产品研发投资

在实际操作中经常会发现,有的企业一上来还没考虑建生产线,就先投资研发产品,结果出现产品研发完成了,可是没有生产线还没建成,导致无法正常生产。或者是有的企业生产线早早就建好了,但是因为产品研发没完成,导致生产线白白停工。产品研发是按季度投资的,生产线的投资也是按季度投资建设的。那么最理想的状态应该是产品研发刚完成,生产线也刚刚建成可以投入使用。P_1产品资格并不是从第1季度开始研发的,因为那样即使在第3季度研发成功了,根据生产线的投资规划,也没有生产线可以生产,P_5要到第2年第1季度才能完成投资,则生产线从第1年第3季度开始投资。具体指标见表3.15。

表3.15 产品研发与生产线投资

项目	第1年				第2年			
	1季	2季	3季	4季	1季	2季	3季	4季
P_1资格投资			10	10				
自动线(产P_1)		50	50	50				
P_5资格投资	10	10	10	10	10			
自动线(产P_5)				50	50	50		

因此,产品研发投资与生产线建设投资是密切相关的,两者协调好才能将有限的资源得到最大限度的利用。

十三、厂房贴现/应收款贴现

关于贴现,很多人都认为贴现是增加财务费用的罪魁祸首,只有在资金周转不灵的时候,才会无可奈何的选择,因此对贴现都抱着能不贴就不贴的态度。但是否真如此呢?其实未必,与贷款相似,贴现只是一种融资方式,贴现可以分两种情况,一种是在现金流遇到困难时,迫不得已去将应收款或者厂房做贴现处理,如果不贴,资金断流属于被动贴现。另外一种是主动贴现,如在市场宽松,资金不足的情况下,主动贴现以换取宝贵资金用于投入生产线的建设和产品的研发,从而达到迅速占领市场、扩大企业产能和市场份额的目的。

被动贴现的情况下,一直处于以贴还债的境地;这个季度的现金不够了,就要将下一个季度应收款贴现;虽然这个季度过去了,可是下个季度又会出现财务危机需要再次贴现。将陷入连环贴现的怪圈之中。而主动贴现则不同,往往都用于扩大企业生产规模和市场份额。追求效益最大化。贴息和利息一样都属于财务费用,从财务角度来看,只要创造出比财务费用更高的利润,就是有价值的。

十四、季度末数核对

一个有经验的团队,都会在进行一年操作之前先做好全年预算。但在具体执行时偶尔也会出现较低级的操作失误,比如忘记在建工程继续投资、忘记下一批生产等情况,如果到年底才发现,很可能就已经造成无可挽回的损失了,因此每个季度末的对账工作,是对该季度计划执行的一个检验,可以帮助各个企业及时发现问题,尽早地想出对策。

季度末盘点现金的另外重要作用是可以通过分析季度末现金,分析出企业的资金周转率。事实上现金是流动性最好、收益性最差的资产形式。再多的现金你把它握在手中,无论多少年,也不会增加。但是现金对于企业来说就像是人的血液,万万不能缺少,现金流一旦断链,意味着企业马上陷入破产的境地。因此在保证现金流安全的前提下,应尽可能降低季度末结余现金,提高资金的周转率,甚至在计算精准的前提下,将季度末现金做到零,这时就表示你已经把所有的资源都用到了极限。

十五、缴纳违约订单罚款

违约、交罚款,一般来说都是不好的事情。但是在一些特殊的情况下,结合一些特殊的战术,比如在有竞单规则的市场中,产品的总价是可以由各个队在产品直接成本的 1~3 倍区间中自己填写的。因此即便是我已经在选单市场选了订单,只要竞单市场价格足够高,即使违约选单市场的订单,也是合算的。

例如,我在选单市场接了一张 4 个 P_3,总价 320W 的订单,如果违约的话需要缴纳总价的 20%,也就是 64W 的违约金,再加上 10W 的竞单费用,也就说 4 个 P_3 违约后的成本价是 (320+64+10)W=394W,在竞单市场,1 个 P_3 可以最高卖到 120W,如果在竞单市场可以用 394W 以上的价格拿到 4 个 P_3 的订单就不亏,最高价 480W,还有不小的利润空间。况且竞单市场的账期和交货期有更高的灵活度,同时可以让对手猜不透你的真正的产能。

十六、支付设备维护费、计提折旧

折旧是逐年计提的,当净值等于残值时,就不需要继续计提折旧,且生产线可以继续使用。因此很多时候看到设备已经折到净残值的时候,会舍不得卖掉。而设备维护费是根据设备的数量来收取的,只要设备建成了,无论有没有生产都需 要支付。维护费是在年底收取的,因此如果在年底结账之前就将设备卖掉,就不需要支付了。根据这样的规则,如果比赛最终只看权益,不考虑其他综合得分的情况下,卖掉部分生产线比较有利。

例如,第 1 年第 2 季度开始投资新建的自动线,连续投资 3 个季度,在第 2 年第 1 季度完工建成,当年净值 150W。根据建成当年不折旧的规则,这条自动线在第 3、4、5 年,分别计提折旧30W,那么到第6年底,净值60W。因此,如果第6年不卖,年末计提折旧后,该自动线剩余净值为30W。如果第6年底直接卖掉,可以收回相当于残值的30W现金,另外30W算为损失。

比较上述两种处理方法,从总财产的角度看是一样的,但是别忘了,如果生产线没有出售的话,年底的时候需要支付维修费。这样一来,出售生产线的方式比不出售生产线可以少交维修费,变相地节约了开支,注意,该方法只针对剩余残值或者折旧后剩余残值的生产线。如果这条自动线是第3年建成的,那么到第6年底还有90W的设备净值,如果也出售了,会导致有60W的损失,就划不来了。

要有一种情况,前期因为资金紧张,上了手工线,后期市场比较大淘汰手工线是否合算呢?以 P_2 为例,一年下来手工线的产量为2,可以带来的毛利只有80W扣除维修费10W,净毛利70W,而自动线产量是4,一年带来的毛利是160W,扣除维修费20W,净毛利140W,两种情况相差70W,手工线累计折旧是30W,自动线120W,也就是说自动线投资要多90W,另外改建生产线要3季度,手工线可以产出1.5个产品,毛利60W,也就是改建自动线相当于投资(60+90)=150W,综上所述,如果自动线还可以再用两年多一点儿,改建也是合算的。

十七、商业情报收集/间谍

"知己知彼方能百战不殆"自古兵家谋略都极其重视竞争对手的情报收集。沙盘虽小,但要想在激烈的博弈竞争中脱颖而出,除了规划好企业自身的运作,还必须要收集商业情报,时刻关注竞争对手。针对竞争对手的弱点制定相应的打击策略。

商业情报应该了解些什么?简单来说就是把别人的企业当成自己的企业来关注,通过间谍和观盘时间,尽可能多的记录下对手信息,比如现金流、贷款额度、ISO资质认证、市场开拓、产品研发、原材料的订单及库存、订单详情、生产线的类型、成品库存等。然后逐个分析,找出真正的竞争对手。

其中最重要的是分析提炼出竞争对手的各种产品的"产能"和"现金流",这两个要素是在市场选单博弈中最关键。通过竞争对手的生产线情况以及原材料采购情况,可以推测出对手的最大产能及可能进行的转产计划,甚至到每个季度可以交付哪些产品。只有这样在选单市场或竞单博弈中,推断出对手的经营策略,并针对其产能需求采取遏制或规避战术。同样,对现金流的密切监控,可以分析出对手可能投放的广告量及拿单策略,这些信息都能为自身的决策提供重要依据。

订货会中,除了做好自己选单,同时还要密切注意主要竞争对手的选单情况,不仅要记录他们销售的产品数量,还要对其交货期和账期都要做密切的关注和记录。尤其在有竞单规则的比赛中,关注对手的选单情况,就可以分析出他们在竞单市场的拿单能力,从而可以有针对性地制定竞单策略。

第三节　企业商战市场预测分析

一、市场预测

要想生产某种产品并获得一定的市场地位,就需要对市场状况、产品数量进行预测,具体资料见表 3.16 和表 3.17。本地市场 P 系列产品价格预测及需求量预测如图 3.1 和图 3.2 所示。

表 3.16　产品均价表

序号	年份	产品	本地市场	区域市场	国内市场	亚洲市场	国际市场
1	2	P_1	70.61	70.14	0	0	0
2	2	P_2	71.08	70.89	0	0	0
3	2	P_3	86.76	86.77	0	0	0
4	2	P_4	128.62	128.68	0	0	0
5	2	P_5	144.37	144.29	0	0	0
6	3	P_1	69.95	69.74	67.82	0	0
7	3	P_2	70.45	70.46	68.95	0	0
8	3	P_3	83.07	82.96	0	0	0
9	3	P_4	131.36	131.13	131.79	0	0
10	3	P_5	139.5	139.7	140.91	0	0
11	4	P_1	68.95	68.91	68.18	0	0
12	4	P_2	71.28	72.03	71.38	71.62	0
13	4	P_3	90.25	90.4	0	90.46	0
14	4	P_4	134.45	134.61	135.13	0	0
15	4	P_5	136.22	136.76	0	135.59	0
16	5	P_1	71.08	71.08	70.65	0	0
17	5	P_2	69.11	68.88	69	71.08	0
18	5	P_3	81.19	81.08	0	81.87	90.86
19	5	P_4	129.2	129.3	128.81	0	135.68
20	5	P_5	148.84	149	0	147.81	150.67
21	6	P_1	70.13	69.87	69.62	0	0
22	6	P_2	69.94	0	69.97	70.93	0

续表3.16

序号	年份	产品	本地市场	区域市场	国内市场	亚洲市场	国际市场
23	6	P_3	86.86	87.04	0	86.67	92.26
24	6	P_4	128.38	128.27	127.48	0	132.35
25	6	P_5	156.25	156.79	0	157.41	160.85

表3.17 产品数量表

序号	年份	产品	本地市场	区域市场	国内市场	亚洲市场	国际市场
1	2	P_1	61	49	0	0	0
2	2	P_2	40	36	0	0	0
3	2	P_3	29	26	0	0	0
4	2	P_4	24	25	0	0	0
5	2	P_5	19	17	0	0	0
6	3	P_1	58	54	62	0	0
7	3	P_2	42	41	39	0	0
8	3	P_3	30	27	0	0	0
9	3	P_4	25	23	28	0	0
10	3	P_5	18	20	22	0	0
11	4	P_1	60	56	55	0	0
12	4	P_2	43	37	34	29	0
13	4	P_3	28	25	0	41	0
14	4	P_4	22	23	30	0	0
15	4	P_5	18	17	0	22	0
16	5	P_1	52	50	48	0	0
17	5	P_2	35	33	30	24	0
18	5	P_3	31	25	0	30	22
19	5	P_4	25	23	26	0	22
20	5	P_5	19	16	0	21	15
21	6	P_1	53	46	45	0	0
22	6	P_2	33	0	32	27	0
23	6	P_3	29	28	0	36	27
24	6	P_4	29	26	31	0	20
25	6	P_5	16	19	0	22	13

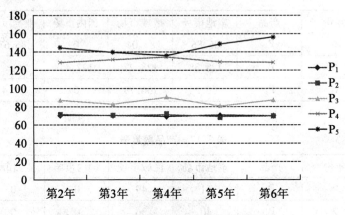

图 3.1 本地市场 P 系列产品价格预测

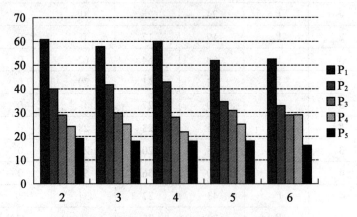

图 3.2 本地市场 P 系列产品需求量预测

根据以上数据分析:

本地市场处于持续发展状态,客户对低端产品的需求逐年下滑。伴随着需求的减少,低端产品的价格很有可能也会逐步走低。后几年,随着高端产品的成熟,市场对 P_3、P_4 产品的需求量将会逐渐增大。同时随着时间的推移,客户的质量意识将不断提高,后几年可能会对厂商是否通过了 ISO 9000 认证和 ISO 14000 认证有更多的要求。区域市场 P 系列产品价格预测及需求量预测如图 3.3 和图 3.4 所示。

根据以上数据分析:

区域市场的客户相对稳定,对 P 系列产品需求的变化很有可能比较平稳。因区域市场紧邻本地市场,所以产品需求量的走势可能与本地市场相似,价格趋势也大致一样。需注意的是市场中各产品会随着客户需求的变化而产生真空区域,而该市场容量有限,客户对高端产品的需求也可能相对较小,但会对产品的 ISO 9000 和 ISO 14000 认证有较高的要求。国内市场 P 系列产品价格预测及需求量预测如图 3.5 和图 3.6 所示。

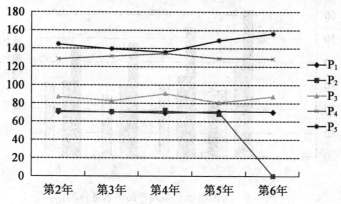

图 3.3 区域市场 P 系列产品价格预测

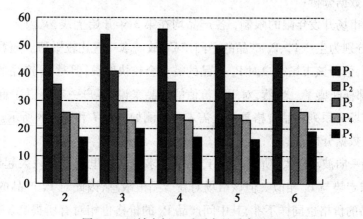

图 3.4 区域市场 P 系列产品需求量预测

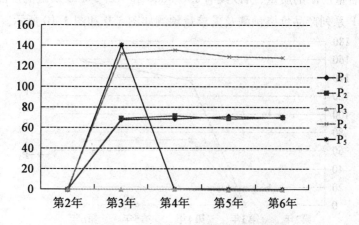

图 3.5 国内市场 P 系列产品价格预测

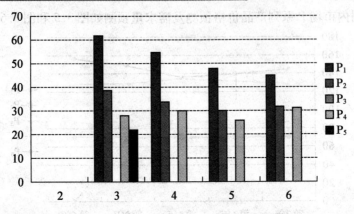

图 3.6　国内市场 P 系列产品需求量预测

根据以上数据分析：

由于国内市场开发年限的限制，各产品均在第 3 年开始上线，又因 P_1、P_2 产品带有地域色彩，且分别为生产 P_4、P_5 产品的中间产品，故需求一直比较平稳。随着对 P 系列产品的逐渐认同，估计该市场客户对 P_4 产品的需求会较快增长，但对 P_5 产品的需求就不一定像 P_4 产品那样旺盛了。当然，对于高价值的产品来说，客户一定会更注重产品的质量认证。亚洲市场 P 系列产品价格预测及需求量预测如图 3.7 和图 3.8 所示。

根据以上数据分析：

亚洲市场一向波动较大，所以对 P_1 产品的需求也在这里产生了较大起伏，从而影响 P_4 产品的需求走势与 P_1 相似。但该市场对新产品很敏感，因此对 P_5 产品的需求量增长较快。P_5 产品的价格也同样不菲，其中间产品 P_2 的价格也相对有所提高。另外，这个市场的消费者很看重产品的质量，所以没有 ISO 9000 和 IOS 14000 认证的产品可能很难销售。国际市场 P 系列产品价格预测及需求量预测如图 3.9 和图 3.10 所示。

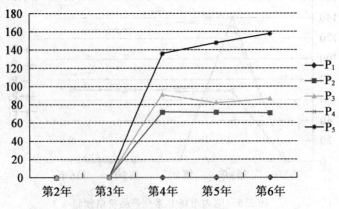

图 3.7　亚洲市场 P 系列产品价格预测

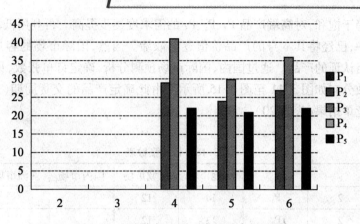

图 3.8 亚洲市场 P 系列产品需求量预测

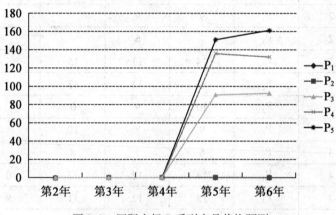

图 3.9 国际市场 P 系列产品价格预测

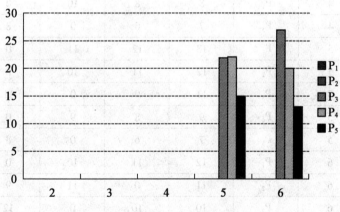

图 3.10 国际市场 P 系列产品需求量预测

根据以上数据分析：

P 系列产品进入国际市场需要一个较长的时期。国际市场的客户对低端 P_1、P_2 产品的需求已经趋于饱和,对高端产品 P_3、P_4、P_5 的需求度逐步提高。再利用低端产品作为中间品的过程中,已经将其本身的产品价值逐渐取缔。当然,国际市场的客户依然会关注具有 ISO 资格认证的产品。通过国内、国际市场预测分析,确定订单张数,见表 3.18。各年度订单张数分布如图 3.11 至图 3.15 所示。由此确定产品的交货周期(表 3.19)和不同市场产品竞单结果(表 3.20)。

表 3.18 订单张数表

订单张数			本地市场	区域市场	国内市场	亚洲市场	国际市场
1	2	P_1	14	12			
2	2	P_2	13	12			
3	2	P_3	10	9			
4	2	P_4	9	9			
5	2	P_5	7	6			
6	3	P_1	14	13	15		
7	3	P_2	13	12	13		
8	3	P_3	10	9	0		
9	3	P_4	9	8	10		
10	3	P_5	6	7	8		
11	4	P_1	14	12	13	0	
12	4	P_2	13	12	11	9	
13	4	P_3	10	9	0	12	
14	4	P_4	8	8	10	0	
15	4	P_5	7	6	0	8	
16	5	P_1	13	12	11	0	0
17	5	P_2	12	11	10	8	0
18	5	P_3	11	9	0	11	8
19	5	P_4	9	8	9	0	7
20	5	P_5	7	6	0	8	6
21	6	P_1	12	11	10		
22	6	P_2	11	0	11	9	0
23	6	P_3	10	10	0	12	9
24	6	P_4	9	8	10	0	7
25	6	P_5	6	7	0	8	5

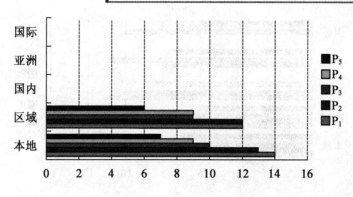

图 3.11 第 2 年订单张数分布图

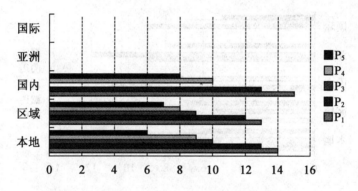

图 3.12 第 3 年订单张数分布图

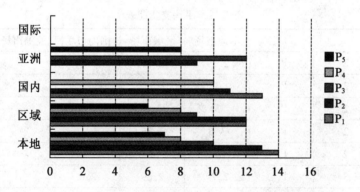

图 3.13 第 4 年订单张数分布图

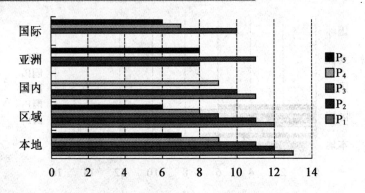

图 3.14 第 5 年订单张数分布图

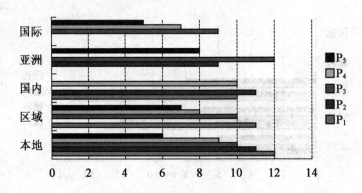

图 3.15 第 6 年订单张数分布图

表 3.19 平均交货期表

平均交货期			本地市场	区域市场	国内市场	亚洲市场	国际市场
1	2	P_1	2.79	2.92			
2	2	P_2	3	3			
3	2	P_3	3	3.2			
4	2	P_4	3.6	3.56			
5	2	P_5	4	4			
6	3	P_1	2.79	2.69	2.6		
7	3	P_2	2.77	2.75	2.77		
8	3	P_3	2.6	2.67	0		
9	3	P_4	2.67	2.5	2.7		
10	3	P_5	2.67	2.57	2.86		
11	4	P_1	2.64	2.5	2.69		

续表 3.19

平均交货期			本地市场	区域市场	国内市场	亚洲市场	国际市场
12	4	P_2	2.69	2.5	2.72	2.67	
13	4	P_3	2.6	2.67	0	2.5	
14	4	P_4	2.5	2.75	2.6	0	
15	4	P_5	2.71	2.67	0	2.625	
16	5	P_1	2.69	2.5	2.63	0	0
17	5	P_2	2.63	2.64	2.7	2.5	0
18	5	P_3	2.58	2.56	0	2.6	2.5
19	5	P_4	2.55	2.5	2.78	0	2.71
20	5	P_5	2.57	2.67	0	2.5	2.67
21	6	P_1	2.67	2.63	2.8	0	0
22	6	P_2	2.54	0	2.45	2.67	0
23	6	P_3	2.7	2.6	0	2.5	2.56
24	6	P_4	2.44	2.5	2.6	0	2.57
25	6	P_5	2.67	2.57	0	2.63	2.6

表 3.20 不同市场产品竞单结果

序号	订单号	年份	市场	产品	数量	ISO
1	3J01	3	1	1	3	0
2	3J02	3	1	2	4	0
3	3J03	3	1	3	2	1
4	3J04	3	1	4	3	1
5	3J05	3	1	5	2	0
6	3J06	3	1	5	3	1
7	3J07	3	2	1	6	1
8	3J08	3	2	2	3	0
9	3J09	3	2	5	3	1
10	3J10	3	2	3	3	0
11	3J11	3	2	3	4	0
12	3J13	3	2	5	3	1
13	3J14	3	3	1	4	0
14	3J15	3	3	2	2	1

续表 3.20

序号	订单号	年份	市场	产品	数量	ISO
15	3J16	3	3	3	3	1
16	3J17	3	3	4	3	0
17	6J01	6	1	1	4	0
18	6J02	6	1	2	2	1
19	6J03	6	1	3	3	0
20	6J04	6	1	4	3	2
21	6J05	6	2	2	6	3
22	6J06	6	2	3	4	0
23	6J07	6	2	4	2	3
24	6J08	6	2	5	4	0
25	6J09	6	3	1	3	1
26	6J10	6	3	2	4	2
27	6J11	6	3	4	4	1
28	6J12	6	3	5	3	0
29	6J13	6	4	2	4	1
30	6J14	6	4	3	5	1
31	6J15	6	4	5	3	3
32	A652_01	6	5	2	3	3
33	A653_01	6	5	3	3	3
34	A654_02	6	5	4	4	3
35	A655_01	6	5	5	4	3

第四节 企业商战运营规则分析

一、市场开发和准入

市场是企业销售商品的地方。企业是否能在该市场上销售商品,需要取得市场准入资格。在现实经济生活中,企业要进入某市场需要有资金的投入,例如进行市场调研,招聘人员等活动。企业商战运营模拟经营中规定,企业只有投入了一定的资金以及花费一定时间,才能取得市场准入资格证。企业拥有某市场资格准入证,就可以进入市场进行广告费的投放和参与市场选单。

（一）市场开发规则

在企业商战运营模拟经营中,企业获得市场准入资格的条件有两个:开发费用和开发时间,本地和区域市场开发要1年的时间,开发费用都是1M;国内市场需要2年的时间,每年支付1M开发费用,攻击2M;亚洲市场开发时间是3年,一共需要3M;国际市场开发时间是4年,一共需要4M。市场开发费用都是按照开发时间在年末平均支付,不允许加速投资。如果资金短缺,企业可暂停或者终止市场开发。市场开发完成后,企业可以取得相应的市场准入证。

（二）注意事项

(1)无论开发哪个市场都是按年平均支付,每个市场每年的投资额最多1M,不允许加速投资,市场投资可以随时中断或终止。如果市场投资因为资金问题暂时中断,以后资金充裕时可以接着再投资。

例如,亚洲市场的开发时间是3年,投资费用3M,不能一次投资3M,也不能第1年投1M,第2年投2M,第3年资金短缺暂停亚洲市场的开发,第4年再投1M后,第4年年末获得亚洲市场准入资格证。

(2)同一年度可同时开发多个市场,即市场之间是平行的关系,它们之间没有先后关系。例如,可以在开发区域市场的同事开发国内,亚洲和国际市场。

(3)某市场开发投资完成的当年年末,企业就可取得该市场准入证,第2年企业可以在该市场投放广告费。例如,某企业连续3年投资亚洲市场,第3年年末获得市场准入资格证,第4年就可以在亚洲市场上投放广告费。

二、广告的投放

广告的投放的目的是通过投放广告,使得企业在品牌,人气以及销售量等方面有所增长。在ERP沙盘模拟金花营中,企业投放广告的目的是提高场频销售业绩,增加企业利润。因此企业销售业绩的改变从很大程度上直接取决于广告投放的效果,广告费投入多少会影响企业订单的选择。

（一）广告投放的规则

(1)每年年初订货会上,订单是按市场,分产品投放。
(2)企业的广告费投放也是按市场,分产品投放。
(3)每个市场每个产品的广告费至少投放1M才能参加该市场该产品第1次的选单机会,另外,要获得下一张订单机会,还需要再投入2M,以此类推。

（二）广告投放的技巧

广告投放的时间是在每年年初参加订货会之前,企业在具体投放广告时要注意以下问题：

1. 该市场是否存在"老大"

(1) 市场上存在"老大"，如何进行广告投放。

根据ERP沙盘模拟经营规则，如果某企业在上一年某市场上的销量最高，且无违约情况，则该企业为市场"老大"。市场"老大"在选单是有优先选单的权利，只要他投入1M的广告费，就可参加该市场该产品的选单，而且是第1个选单。但是他如果想参与第2轮选单，则至少要投入3M。

走中高端路线进行大生产的企业，可以集中某个目标市场销售，力争做一个市场的"老大"，并加大在新市场的广告投入，把一小部分的销售放到新市场去，将新市场的"老大"地位争取过来，这样在扩张生产时利用市场"老大"地位拥有该市场的优先选单权利，大幅度减少该市场的广告投放。

走低端路线经兴达生产的企业，只要市场开发多谢，在每个市场上都投放一些广告，多点开销，不用太在意对市场"老大"的争做，因为低端产品的销售额很难超过高端产品，所以在转型前广告费的压力是比较小的。

走精细化高端路线，有很强的灵活性，在生产和挑选订单上有一定的弹性，但要付出高额的代价，如柔性生产线有较高的建设费用及折旧。有事，这种灵活性会使得广告投放陷入困境，投少了怕拿不到订单，投多了怕浪费，因此在企业还没扩张之前，各家的产能还没上去之前，尽量生产利润高的产品，到后期生产线已扩张，市场需要都趋紧的情况下，转移部分产能到低端产品上也是合适的。

(2) 没有市场"老大"的情况下如何争取成为该市场领导者。

如果没有市场"老大"，企业如何成为市场领导者呢？原则是加大新市场上的广告费投入，目的是集中市场销售将市场"老大"的地位争取过来，这样在扩张生产时利用市场"老大"的地位获得该市场的优先选单权利，大幅度减少该市场的广告投入。

2. 广告投放如何如能做到既经济又有效

首先要分析自己的产能。对于自己企业每年能生产多少数量的产品，固定产量是多少，浮动产量的区间是多少，需要生产总监认真计算提供给营销总监。

其次，广告费选择奇数还是偶数页是一种技术。因为ERP沙盘中规定，企业要想获得一次以上的选单机会，投放的广告费每次需要增加2M，因此投放技术广告费的企业比投放偶数广告费的多。不过，投放偶数广告费虽然比投放奇数广告费多，但是可以保证拿到订单或者拿到效益好一些的订单。

3. 如何知道其他竞争对手的情况

需要通过商业间谍表来分析竞争对手的请款，商业间谍表见规则。

4. 最终广告费用总投放金额会受到资金预算结构的影响

对于长贷比较多的企业，每年年初需要支付利息费用，加上上一年支付过管理费，维修费,在资金上对广告不会流出太多的预算。另外,当出现应收账款不及时,刚开始铺设生产线,有产品库存等情况时,是压缩广告费还是靠应收账款贴现,或者继续实行轰炸式的广告投放策略,需要对市场和对手进行分析再确定策略。

对于短贷较多或者长、短贷相结合的企业,年初的现金压力不是很大,因为压力已经分散到各个季度中去了。对于每个需要换短贷的季度,现金都有要求,因此对订货会上的订单选择要求就高了,对应收账款的管理要求也高了,营销总监和财务总监要多交流,在还能还清当年第1季度短贷的情况下,尽量要求多预算广告费用。

(三) 选单规则

市场上有若干个企业,企业如何挑选订单?应遵循选单规则。ERP沙盘模拟经营中选单的规则如下:

首先,确定市场"老大",因为市场"老大"有优先选单权。如前所述,每个市场都有一个市场"老大",市场"老大"是根据企业上一年该市场所有订单上的销售额合计排名确定,在该市场上销售额最高且无违约者即为市场"老大"。市场"老大"在下一年该市场的订货会上有优先挑选权,即市场"老大"只要在该市场投放1M的广告费,就可第1个选取订单;如果他要想获得第2次选取订单的机会,至少要投放3M。其次,一本市场本产品广告额头放大小数顺序依次选单,在市场"老大"选单完成后,其他企业按照在本年度本市场产品广告费的投放额大小依次排序,投放额高的先选单,以此类推。如果该市场的市场"老大"因为违约被取消"老大"的资格,所有企业都按本市场本产品的广告费投入额排序选单。

如果两个企业在本年度本市场本产品投放的广告额相同,则看本年度市场广告费的投放总额。如果本年度本市场广告费的投放总额也相同,则看上一年该市场的销售额排名。如仍无法决定,本年度先投广告则先选单。

(四) 选单时应注意的问题

1. 订单的内容

订单的内容包括:订单编号、总价、数量、交货期、账期和ISO类型等。其中,总价即该订单产品的销售额。如果企业按时交货,则该笔业务的销售额按总价计算。数量及销售数量,企业需掩盖订单上标明的数量整单交货。交货期至最晚交货时间,如果超过这个时间未交货,视为违约。企业如违约,则订单取消并交纳该笔订单的违约金。例如,交货期是4Q,表示企业最晚应在第4季度交货;如果交货期是1Q,表示企业第1季度就要交货。账期视应收账款变现的时间而定。企业交货即实现销售,是取得现金还是计入应收账款,则根据订单的账期判断。如果订单上标明账期是2Q,表示企业在交货后的第2个季度可获得现金,则该订单只能是具备ISO 9000和ISO 14000资格的企业获得。

2. 订单违约

企业可以提前交货，但不可以延后。如交货期表明是3Q，则可以在第1、2、3季度交货多，应收账期应从实际交货开始算起。如果企业超过交货期未交货，则视为违约，违约金按该订单销售额的25%收取，在年末时扣除，违约金计入综合管理费用中的其他项。

Chapter 4

企业商战运营模拟操作系统

第一节　系统登录

(1) 打开 IE 浏览器。
(2) 在地址栏输入服务器 IP 地址,进入系统。
(3) 用户名为公司代码 U01、U02、U03 等,首次登录的初始密码为"1"。

按图 4.1 所示进入登录界面。按图 4.2 所示进入注册界面,按图 4.3 所示进入操作界面。系统具体操作要求见表 4.1。

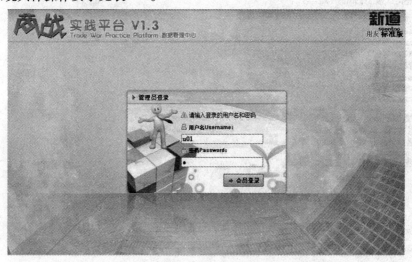

图 4.1　登录界面

只有第 1 次登录需要填写:公司名称(必填);所属学校(必填);各职位人员姓名(如有多人,可以在一个职位中输入两个以上的人员姓名)(必填)。登记确认后不可更改。

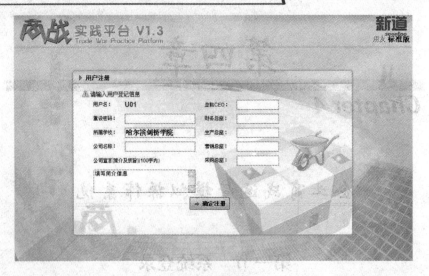

图4.2 注册界面

一、登录系统—操作窗口

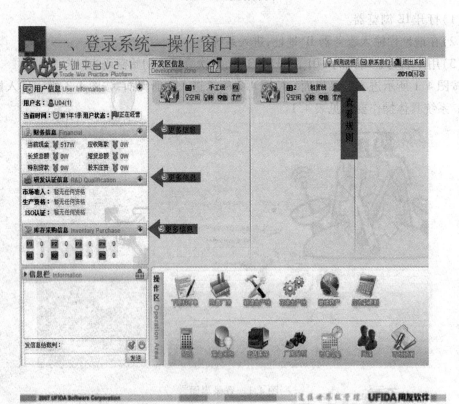

图4.3 操作窗口

第四章 企业商战运营模拟操作系统

表 4.1 系统操作索引

		操作流程	系统操作
年初		新年度规划会议	
		广告投放	输入广告费确认
		参加订货会选订单/登记订单(竞单)	选单(竞单)
		支付应付税	系统自动
		支付长贷利息	系统自动
		更新长贷/长贷还款	系统自动
		申请长贷	输入贷款数额并确认
	1	季度初盘点(请填余额)	产品下线,生产线完工(自动)
	2	更新短贷/短贷还本付息	系统自动
	3	申请短贷	输入贷款数额并确认
	4	原材料入库/更新原料订单	需要确认金额
	5	下原料订单	输入并确认
	6	购买/租用——厂房	选择并确认,自动扣现金
	7	更新生产/完工入库	系统自动
	8	新建/在建/转产/变卖——生产线	选择并确认
	9	紧急采购(随时进行)	随时进行输入并确认
	10	开始下一批生产	选择并确认
	11	更新应收款/应收款收现	系统自动
	12	按订单交货	选择交货并确认订单
	13	产品研发投资	选择并确认
	14	厂房——出售(买转租)/退租/租转买	选择确认,自动转应收款
	15	新市场开拓/ISO 资格投资	仅第 4 季度允许操作
	16	支付管理费/更新厂房租金	系统自动
	17	出售库存	输入并确认(随时进行)
	18	厂房贴现	随时进行
	19	应收款贴现	输入并确认(随时进行)
	20	季度末收入合计	
	21	季度末支出合计	
	22	季度末数额对账(1项+20项+21项)	
年末		缴纳违约订单罚款	系统自动
		支付设备维护费	系统自动
		计提折旧	系统自动
		新市场/ISO 资格换证	系统自动
		结账	

注:系统操作完成后不能更改

系统中的操作流程分为基本流程和特殊流程,基本流程要求按照一定的顺序一次执行,不允许改变其执行的顺序。

第二节 年初任务

一、投放广告

(1)没有获得任何市场准入证时不能投放广告(系统认为其投放金额只能为0)。
(2)在投放广告窗口中,市场名称为红色表示尚未开发完成,不可投广告。
(3)完成所有市场产品投放后,点击"确认支付"退出,退出后不能返回更改。
(4)广告投放确认后,长贷本息及上年税金同时被自动扣除。
(5)长贷利息是所有长贷加总乘以利率再四舍五入。

广告投放界面如图4.4所示。参加订货会界面如图4.5所示。

图4.4 广告投放界面

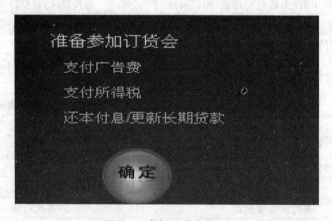

图4.5 参加订货会界面

二、选单顺序规则

系统自动依据以下规则确定选单顺序：

(1) 上年市场销售第 1 名（无违约）为市场老大，优先选单；若有多队销售并列第 1 则市场老大由系统随机决定，可能为其中某队，也可能无老大。

(2) 本市场本产品广告额。

(3) 本市场广告总额。

(4) 本市场上年销售排名。

(5) 仍不能判定，先投广告者先选。

注：投 10W（此为参数，称为最小得单广告额，可修改）广告有一次选单机会，此后每增加 20W（最小得单广告额的 2 倍），多一次选单机会。

三、选单

(1) 系统中将某市场某产品的选单过程称为回合，每回合选单可能有若干轮，每轮选单中，各队按照排定的顺序，依次选单，但只能选一张订单。当所有队都选完一轮后，若再有订单，开始进行第 2 轮选单，各队行使第 2 次选单机会，依次类推，直到所有订单被选完或所有队退出选单为止，本回合结束。

(2) 当轮到某一公司选单时，"系统"以倒计时的形式，给出本次选单的剩余时间，每次选单的时间上限为系统设置的选单时间，即在规定的时间内必须做出选择（选择订单或选择放弃），否则系统自动视为放弃选择订单。无论是主动放弃还是超时系统放弃，都将视为退出本回合的选单。

(3) 选单中可以多个（参数）市场同时进行。

(4) 各自按照 P_1、P_2、P_3、P_4 的顺序独立放单。

(5) 本地、区域同时放单，若要在本地选单，请点击对应按钮，如图 4.6 所示。

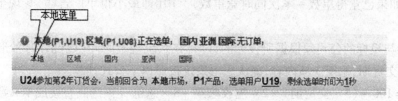

图 4.6 本地市场选单界面

(6) 选单权限系统自动传递，系统自动判定是否有 ISO 资格。

(7) 有权限队伍必须在倒计时以内（选中后在倒计时大于 5 秒时确认）选单，否则系统视为放弃本回合，放弃本回合选单后仍可查看其他队选单，放弃某回合中一次机会，视同放弃本回合所有机会，但不影响以后回合选单。

(8)选单时可以对订单各要素(总价、单价、交货期、账期等)进行排序,辅助选单。顺序如图4.7所示。

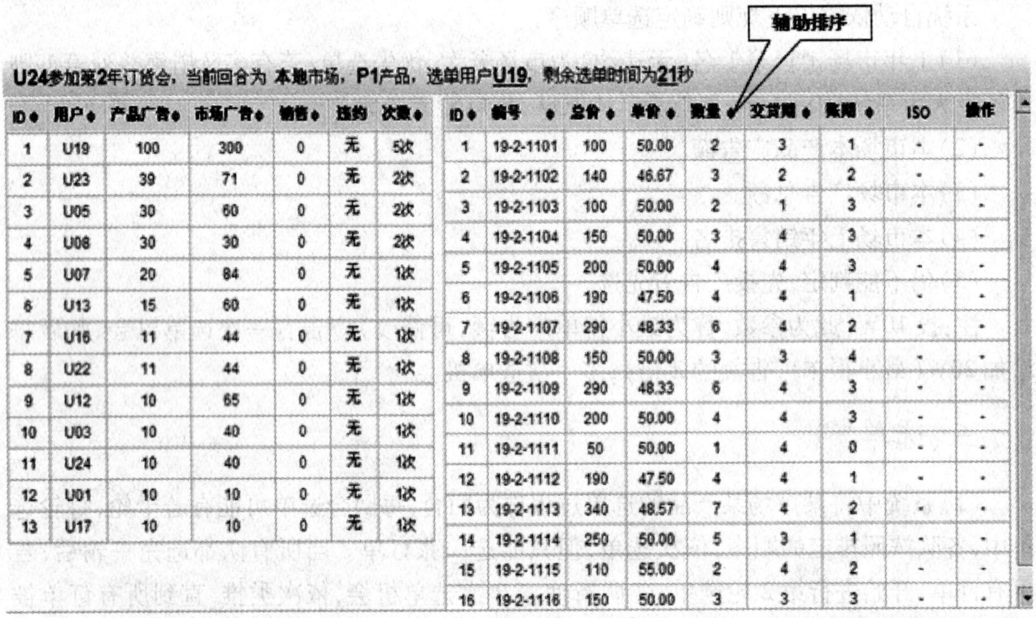

ID	用户	产品广告	市场广告	销售	违约	次数
1	U19	100	300	0	无	5次
2	U23	39	71	0	无	2次
3	U05	30	60	0	无	2次
4	U08	30	30	0	无	2次
5	U07	20	84	0	无	1次
6	U13	15	60	0	无	1次
7	U16	11	44	0	无	1次
8	U22	11	44	0	无	1次
9	U12	10	65	0	无	1次
10	U03	10	40	0	无	1次
11	U24	10	40	0	无	1次
12	U01	10	10	0	无	1次
13	U17	10	10	0	无	1次

ID	编号	总价	单价	数量	交货期	账期	ISO	操作
1	19-2-1101	100	50.00	2	3	1	-	-
2	19-2-1102	140	46.67	3	2	2	-	-
3	19-2-1103	100	50.00	2	1	3	-	-
4	19-2-1104	150	50.00	3	4	3	-	-
5	19-2-1105	200	50.00	4	4	3	-	-
6	19-2-1106	190	47.50	4	4	1	-	-
7	19-2-1107	290	48.33	6	4	2	-	-
8	19-2-1108	150	50.00	3	3	4	-	-
9	19-2-1109	290	48.33	6	4	3	-	-
10	19-2-1110	200	50.00	4	4	3	-	-
11	19-2-1111	50	50.00	1	4	0	-	-
12	19-2-1112	190	47.50	4	4	1	-	-
13	19-2-1113	340	48.57	7	4	2	-	-
14	19-2-1114	250	50.00	5	3	1	-	-
15	19-2-1115	110	55.00	2	4	2	-	-
16	19-2-1116	150	50.00	3	3	3	-	-

图4.7　订单要素排序界面

四、竞单

(1)某些年份在选单结束后会有竞单会(裁判会提前公布)。

(2)需要具备相应ISO及市场资格,但不需要有生产资格。

(3)中标的公司需为该单支付10W(和最小得单广告额相同)标书费,计入广告费。

(4)(如果已竞得单数+本次同时竞单数)×10(即最小得单广告额)>现金余额,则不能再竞。

(5)参与投标的公司须根据所投标的订单,在系统规定时间(以倒计时秒形式显示)填写总价、交货期、账期3项内容,确认后由系统按照以下公式计算。

得分=100+(5-交货期)×2+应收账期-8×总价/(该产品直接成本×数量)

注:得分最高者中标,如果计算分数相同,则先提交者中标。

(6)总价不能低于(可以等于)成本价,也不能高于(可以等于)成本价的3倍。

(7)必须为竞单留足时间,如在倒计时小于等于5秒再提交,可能无效。

(8)竞单时不允许紧急采购。

(9)为防止恶意竞单,对竞得单张数进行限制,如果{某队已竞得单张数>ROUND(3×该年竞单总张数/参赛队数)},则不能继续竞单。

注:ROUND 表示四舍五入;如上式为等于,可以继续参与竞单。

参赛队数指经营中的队伍,若破产继续经营也算在内,破产退出经营则不算在内。参赛队竞拍项目如图 4.8 所示。

9	28J16	本地	P3	4	-	完成	U18	360W	2季	2季
10	28J17	本地	P3	3	⑨	完成	U01	315W	2季	4季
11	28J18	本地	P3	2	-	完成	U02	170W	2季	2季
12	28J25	本地	P4	3	⑨⑭	完成	U13	309W	1季	0季
13	28J11	区域	P1	2	-	完成	U10	110W	1季	4季
14	28J08	区域	P2	5	-	完成	U09	440W	1季	0季
15	28J19	区域	P2	3	⑨	完成	U10	220W	2季	2季
16	28J21	区域	P2	2	-	完成	U19	176W	1季	1季
17	28J09	区域	P3	4	-	完成	U01	409W	1季	4季
18	28J10	区域	P3	3	-	完成	U17	320W	1季	1季
19	28J20	区域	P3	5		设置竞价	-	-	-	-
20	28J26	区域	P4	2	⑭	设置竞价	-	300W	4季	0季
			↑本用户出价							
21	28J27	区域	P4	4		等待	-	-	-	-
22	28J14	国内	P1	4	⑨⑭	等待	-	-	-	-
23	28J23	国内	P2	4	-	等待	-	-	-	-
24	28J12	国内	P3	5	⑨⑭	等待	-	-	-	-
25	28J13	国内	P3	5	-	等待	-	-	-	-
26	28J22	国内	P3	3	-	等待	-	-	-	-
27	28J24	国内	P3	3	⑭	等待	-	-	-	-

图 4.8 参赛队竞拍项目

五、申请长贷

(1)选单结束后直接操作,一年只此一次,然后再按"当季开始"按钮,如图 4.9 所示。

图 4.9 长贷申请界面

(2)不可超出最大贷款额度。
(3)可选择贷款年限,确认后不可更改。

(4)贷款额为不小于1的整数。

(5)所有长贷之和×利率,然后四舍五入,计算利息。贷款年限选择界面如图 4.10 所示。

图 4.10　贷款年限选择界面

第三节　季度任务

一、4 季度任务启动与结束

(1)每季度经营开始及结束需要确认:当季度开始、当季度(年)结束,第 4 季度显示为当年结束,如图 4.11 所示。

图 4.11　经营开始界面

(2)注意操作权限,只显示允许的操作。

(3)如破产则无法继续经营,自动退出系统,可联系裁判。

(4)现金不够请紧急融资(出售库存、贴现、厂房贴现)。

(5)更新原料库和更新应收款为每季度必走流程。

(6)操作顺序并无严格要求,但建议按流程走。

(7)选择操作请单击,如图 4.12 所示。

①当季度开始:

a. 选单结束或长贷后当季开始。

b. 开始新一季度经营需要当季度开始。

c. 系统自动扣除短贷本息。

d. 系统自动完成更新生产、产品入库及转产操作,如图 4.13 所示。

第四章　企业商战运营模拟操作系统

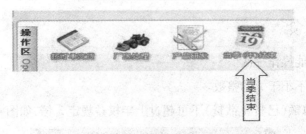

图 4.12　更新选项操作界面

图 4.13　更新生产操作界面

②当季度结束：

a. 一季度经营完成需要当季度结束确认。

b. 系统自动扣管理费(为 10W/季度)及租金并且检测产品开发完成情况,如图 4.14 所示。

图 4.14　检测产品开发完成界面

二、申请短贷

(1)一季度只能操作一次。

(2)申请额为不小于1的整数。

(3)长、短贷总额(已贷+欲贷)不可超过上年权益规定3倍,如图4.15所示。

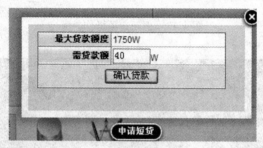

图4.15 确定贷款额度界面

三、更新原材料

(1)系统自动提示需要支付的现金(不可更改)。

(2)只需要点击"原料入库"即可。

(3)系统自动扣减现金。

(4)确认更新后,后续的操作权限方可开启(下原料订单到更新应收款),前面操作权限关闭。

(5)在途订单推进一季度。

(6)一季度只能操作一次,如图4.16所示。

图4.16 确认现付金额界面

四、下原料订单

(1)输入所有需要的原料数量,然后按"确认订购",如图4.17所示。

(2)一季度只能操作一次。
(3)确认订购后不可退订。
(4)可以不下订单。

图 4.17　确认订购界面

五、购置厂房

(1)厂房可买可租。
(2)最多只可使用 4 个厂房。
(3)4 个厂房可以任意组合,如租 3 个买 1 个或租 1 个买 3 个。
(4)生产线不可在不同厂房移位。操作界面如图 4.18 所示。

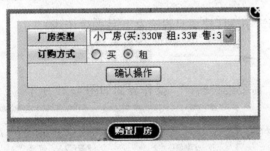

图 4.18　购置厂房订购界面

六、新建生产线

(1)需选择厂房、生产线类型、生产产品类型。
(2)一季度可操作多次,直至生产位铺满。操作界面如图 4.19 所示。

七、在建生产线

(1)系统自动列出投资未完成的生产线。
(2)复选需要继续投资的生产线。
(3)可以不选。
(4)一季度只可操作一次。操作界面如图4.20所示。

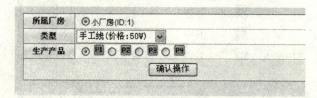

图4.19 确认厂房生产类型界面

图4.20 选择生产线类型界面

八、生产线转产

(1)点击要转产的生产线"转产"按钮(建成且没有在产品的生产线)。
(2)选择转产生产产品。
(3)可多次操作。
(4)如果转产周期大于等于2,需要继续转产。操作界面如图4.21所示。

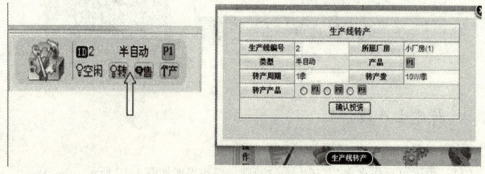

图4.21 生产线转产界面

九、变卖生产线

（1）系统自动列出可变卖生产线（建成后没有在制品的空置生产线，转产中生产线不可卖）。

（2）变卖后，从价值中按残值收回现金，高于残值的部分记入当年费用的损失项目。操作界面如图4.22所示。

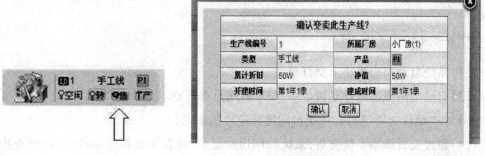

图4.22　变卖生产线界面

十、开始下一批生产

（1）自动检测原料、生产资格、加工费。

（2）系统自动扣除原料及加工费。

（3）可以停产，但不可加速生产。操作界面如图4.23所示。

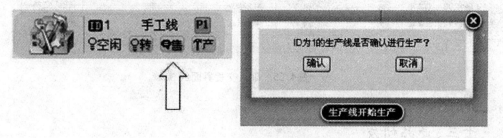

图4.23　确认进行生产界面

十一、应收款更新

（1）点击系统自动完成更新。

（2）此步操作后，前面的各项操作权限关闭（不能返回以前的操作任务），并开启以后的操作任务——即按订单交货、产品开发、厂房处理权限。操作界面如图4.24所示。

图4.24 应收款更新界面

十二、按订单交货

（1）系统自动列出当年未交订单。

（2）自动检测成品库存是否足够，交单时间是否过期。

（3）按"确认交货"按钮，系统自动增加应收款或现金。

（4）超过交货期则不能交货，系统收回违约订单，并在年底扣除违约金（列支在损失项目中）。操作界面如图4.25所示。

订单编号	市场	产品	数量	总价	得单年份	交货期	账期	ISO	操作
19-5-2408	区域	P3	3	240 W	第2年	3季	2季	-	确认交货
19-2-2305	区域	P3	1	80 W	第2年	4季	3季	-	确认交货
19-2-1310	本地	P3	2	140 W	第2年	4季	1季	-	确认交货
19-2-1212	本地	P2	4	250 W	第2年	4季	1季	-	确认交货
19-2-1207	本地	P2	2	130 W	第2年	4季	2季	-	确认交货
19-2-1203	本地	P2	3	180 W	第2年	4季	3季	-	确认交货
19-2-1111	本地	P1	1	50 W	第2年	4季	0季	-	确认交货

图4.25 确认交货界面

十三、产品研发

（1）复选操作，需同时选定要开发的所有产品，一季度只允许一次。

（2）按"确认投资"按钮确认并退出本窗口，一旦退出，则本季度不能再次进入。

（3）当季度（年）结束系统检测开发是否完成。操作界面如图4.26所示。

十四、厂房处理

（1）如果拥有厂房且该厂房内无生产线，可卖出，增加4Q应收款，并删除厂房。

（2）如果拥有厂房但该厂房内有生产线，卖出后增加4Q应收款，自动转为租，并扣当年租金,记下租入时间。

图 4.26　确认产品研发界面

(3)租入厂房如果离上次付租金满一年:可以转为购买(租转买),并立即扣除现金;如果无生产线,可退租删除厂房。

(4)租入厂房如果离上次付租金满一年:如果不执行本操作,视为续租,并在当季度结束时自动扣下一年租金。操作界面如图 4.27 所示。

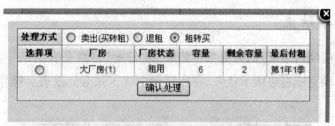

图 4.27　厂房处理界面

十五、市场开拓

(1)复选操作选择所有要开发的市场,然后按"确认研发"按钮。

(2)只有第 4 季度可操作一次。

(3)第 4 季度结束系统自动检测市场开拓是否完成。操作界面如图 4.28 所示。

图 4.28　市场选择界面

十六、ISO 投资

(1)复选操作选择所有要开发的市场,然后按"确认研发"按钮。

(2)只有第4季度可操作一次。

(3)第4季度结束系统自动检测开拓是否完成。操作界面如图4.29所示。

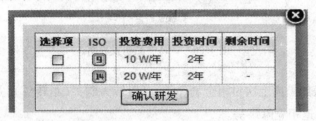

图4.29　ISO 标准选择界面

十七、当年结束

(1)第4季度经营结束,则需要当年结束,确认一年经营完成。

(2)系统自动完成右边所示任务,并在后台生成3张会计报表。操作界面如图4.30所示。

图4.30　确认经营任务完成界面

十八、当年结束——填写报表

(1)需要在客户端填写资产负债表,系统自动检测正确与否,不正确会提示。

(2)可以不填写报表,不影响后续经营。操作界面如图4.31所示。综合费用表见表4.2;利润表见表4.3;资产负债表见表4.4。

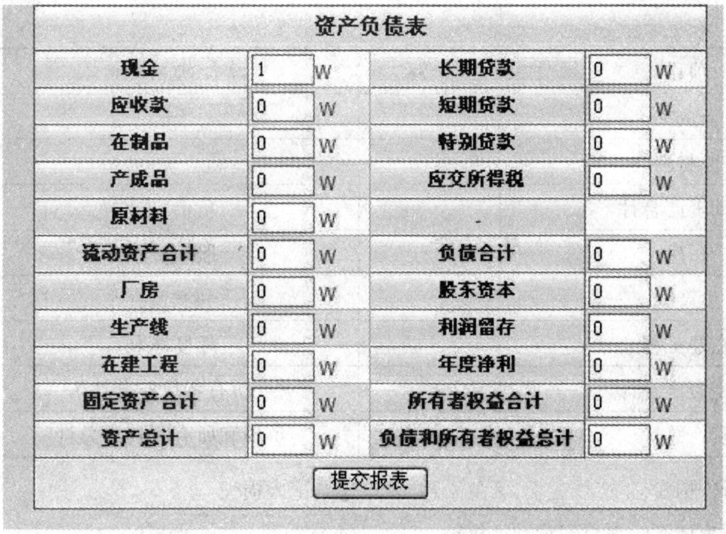

图 4.31 确认资产负债表

表 4.2 综合费用表

项目	金额
管理费	
广告费	
设备维护费	
损失	
转产费	
厂房租金	
新市场开拓	
ISO 资格认证	
产品研发	
信息费	
合　计	

表 4.3 利润表

项目	金额
销售收入	
直接成本	
毛利	
综合费用	
折旧前利润	
折旧	
支付利息前利润	
财务费用	
税前利润	
所得税	
年度净利润	

表 4.4 资产负债表

项目	金额	项目	金额
现金		长期负债	
应收款		短期负债	
在制品		应交所得税	

续表4.4

项目	金额	项目	金额
产成品		—	—
原材料		—	—
流动资产合计		负债合计	
厂房		股东资本	
生产线		利润留存	
在建工程		年度净利	
固定资产合计		所有者权益合计	
资产总计		负债和所有者权益总计	

注:库存商品折价拍卖,生产线变卖,紧急采购,订单违约记入损失

每年经营结束请将此表交到裁判处核对

第四节 特殊运行任务

特殊运行任务是不受正常流程运行顺序的限制,当需要时就可以操作的任务。此类操作分为两类,第1类为运行类操作,这类操作改变企业资源的状态,如固定资产变为流动资产等,第2类操作为查询类操作,该类操作不改变任何资源状态,只是查询资源情况。

一、厂房贴现

(1)任意时间可操作。

(2)将厂房卖出,获得现金。

(3)如果无生产线,厂房原值售出后,所有售价按4季度应收款全部贴现。

(4)如果有生产线,除按售价贴现外,还要再扣除租金。

(5)系统自动全部贴现,不允许部分贴现。操作界面如图4.32所示。

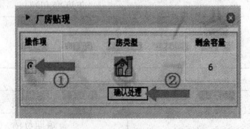

图4.32 厂房贴现界面

二、紧急采购

(1) 可在任意时间操作(竞单时不允许)。

(2) 单选需购买的原料或产品,填写购买数量后确认订购。

(3) 原料及产品的价格列示在右侧栏中。

(4) 立即扣款到货。

(5) 购买的原料和产品均按照标准价格计算,高于标准价格的部分,记入损失项。操作界面如图 4.33 所示。

图 4.33 紧急采购界面

三、出售库存

(1) 可在任意时间操作。

(2) 填入售出原料或产品的数量,然后确认出售。

(3) 原料、成品按照系统设置的折扣率回收现金。

(4) 售出后的损失部分记入费用的损失项。

(5) 所取现金四舍五入。操作界面如图 4.34 所示。

四、贴现

(1) 1,2 季度与 3,4 季度分开。

(2) 1,2 季度(3,4 季度)应收款加总贴现。

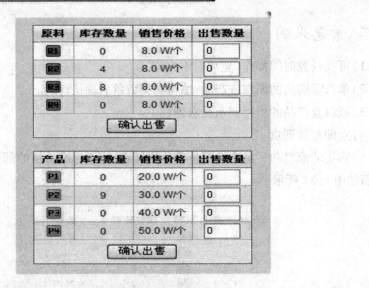

图4.34 确认出售界面

(3)可在任意时间操作。

(4)次数不限。

(5)填入贴现额应小于等于应收款。

(6)输入贴现额和对应贴现率,求得贴现费用(向上取整),贴现费用计入财务支出,其他部分增加现金。操作界面如图4.35所示。

图4.35 贴现额度界面

五、商业情报收集(间谍)

(1)任意时间可操作;可查看任意一家企业信息,花费1W(可变参数)可查看一家企业情况,包括资质、厂房、生产线、订单等。

(2)以 Excel 表格形式提供。

(3)可以免费获得自己的相关信息。操作界面如图4.36所示。

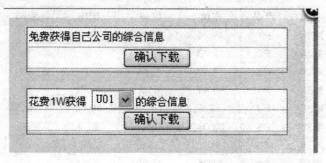

图 4.36　公司综合信息界面

六、订单信息

(1)任意时间可操作。

(2)可查所有订单信息及状态,如图4.37所示。

订单编号	市场	产品	数量	总价	状态	得单年份	交货期	账期	ISO	交货时间
19-3-3304	国内	P3	2	170W	未完成	第3年	4季	1季	-	-
19-3-3208	国内	P2	2	170W	已交单	第3年	4季	2季	-	第3年2季
19-3-3207	国内	P2	1	80W	未完成	第3年	1季	2季	-	-
19-3-2301	区域	P3	1	90W	未完成	第3年	4季	1季	14	-
19-3-2212	区域	P2	2	170W	未完成	第3年	4季	4季	-	-
19-3-1307	本地	P3	2	170W	未完成	第3年	4季	2季	9	-
19-3-1210	本地	P2	3	230W	已交单	第3年	4季	2季	-	第3年1季
19-2-2207	区域	P2	1	70W	已交单	第2年	4季	2季	-	第2年2季
19-2-2109	区域	P1	3	130W	已交单	第2年	4季	2季	-	第2年4季
19-2-2104	区域	P1	3	150W	已交单	第2年	4季	2季	-	第2年3季
19-2-1210	本地	P2	3	180W	已交单	第2年	4季	3季	-	第2年3季

图 4.37　订单信息状态界面

七、市场预测

(1) 任意时间可操作。

(2) 不包括竞单。具体内容如图 4.38 所示。

市场预测表——均价							
序号	年份	产品	本地	区域	国内	亚洲	国际
1	第2年	P1	49.39	47.08	0	0	0
2	第2年	P2	62.73	68.08	0	0	0
3	第2年	P3	71.67	77.86	0	0	0
5	第3年	P1	46.44	51.2	49.72	0	0
6	第3年	P2	77.5	78.12	80.54	0	0
7	第3年	P3	83.04	86.21	86.4	0	0
8	第3年	P4	100	128.24	125.31	0	0
9	第4年	P1	44.36	47.89	43.95	40	0
10	第4年	P2	82.82	74.55	80.67	66.86	0
11	第4年	P3	88.75	85	82.38	87.5	0
12	第4年	P4	139.71	133.48	133.61	134.5	0
13	第5年	P1	40.97	48.46	42.31	38.33	57.27
14	第5年	P2	75	61.33	69.63	64.52	71.72
15	第5年	P3	88.71	91.5	81.74	89.57	79.5
16	第5年	P4	132.68	125.93	131	132.5	0
17	第6年	P1	36.82	45.45	39.13	33.33	59.13

图 4.38 市场预测界面

八、破产检测

(1) 广告投放完毕、当季度开始、当季度(年)结束、更新原料库等处,系统自动检测已有现金加上最大贴现及出售所有库存(一项项出售)及厂房贴现,是否足够本次支出,如果不够,则破产退出系统。如需继续经营,联系管理员(教师)进行处理。

(2) 当年结束,若权益为负则破产退出系统,如需继续经营,联系管理员(教师)进行处理。

九、其他

(1) 需要付现操作系统均会自动检测,如不够,则无法进行下去。

(2) 请注意更新原料库及更新应收款两个操作,是其他操作之开关。

(3) 对操作顺序并无严格要求,但建议按顺序操作。

(4) 可通过 IM 与管理员(教师)联系。

(5) 市场开拓与 ISO 投资仅第 4 季度可操作。

(6) 广告投放完,通过查看广告知道其他企业广告投放情况。

(7) 操作中发生显示不当,立即按 F5 刷新或退出重新登录。

十、出现小数处理规则

(1) 违约金扣除(每张违约单单独计算)——四舍五入。

(2) 贴现费用——向上取整。

(3) 库存拍卖所得——四舍五入。

(4) 扣税——四舍五入。

十一、重要参数(默认参数,教师可以修改)

具体指标如图 4.39 所示。

违约金比例	20%	贷款额倍数	3倍
产品折价率	100%	原料折价率	80%
长贷利率	10%	短贷利率	5%
1,2期贴现率	10%	3,4期贴现率	12.5%
初始现金	600W	管理费	10W
信息费	1W	所得税率	25%
最大长贷年限	5年	最小得单广告额	10W
原料紧急采购倍数	2倍	产品紧急采购倍数	3倍
选单时间	40秒	首位选单补时	25秒
市场同开数量	2	市场老大	无
竞拍时间	90秒	竞拍同拍数	3

图 4.39 重要指标参数

Chapter 5 第五章

商战中的经营策略

第一节 策 略

一、在实战中成长——经营策略

经营企业最为重要的一个环节就是公司的经营战略。经营什么?如何经营?怎样才能获得最高的利润:这是公司每一个决策层首先需要考虑的问题。很多的企业在经营伊始就犯下致命的错误,笔者下面将列出几套成功的经典策略供实战中参考。

(一)纯 P_2 策略

1. 优势

P_2 的研发成本低,仅需 40W,能有效地控制住综合费用,进而使得利润所有者权益能够保持在一个较高的水平,而且可以保证第 1 年的所有者权益较高。从而影响第 2 年的贷款额,第 2 年实现盈利后,所有者权益会迅速增长,P_2 产品毛利一般在 35W~40W 之间利润,市场商品价格较高时 P_2 的毛利可达到 40W 以上,倘若可以在前期拿到足够的订单,企业的年度净利会持续增长,从而获得较高的所有者权益。

2. 劣势

由于 P_2 产品的研发成本低,获得的利润高,因此有不少人都侧重于打 P_2 的想法,所以极有可能造成市场紧张,以至于拿不到足够的订单,风险很大。如果产生 P_2 市场严重紧张的情况,拿不到足够的订单,产品的毛利无法承担企业所需的综合费用,年度净利会为负值,企业所有者权益会有所下降。

3. 关键操作步骤

以 600W 初始权益为例,操作如下。

第 1 年:研发 P_2 产品 4 季度,租大厂房,建设 4 条 P_2 的生产线。

开拓市场,研发 ISO,投放广告。

第 2 年：P_2 研发完成，建设完成的生产线投入生产。

市场开拓方面建议全部开拓，建议能够尽早投放并使用 ISO 认证资格。产品获得较高的盈利使所有者权益提高，就应该及时考虑扩建生产线加大产能，争取获得更大的经济利益。

4. 使用环境

P_2 的市场单价较高，毛利较高，市场需求量较大，并且市场不紧张的前提下，适用于此方案。

(二) 纯 P_3 产品策略

1. 优势

对于纯 P_3 产品这种策略在各大比赛中看似很冒险，但是如果仔细琢磨并细心研究其他对手的心理便可明白。P_3 前期不如 P_2 利润大，后期不如 P_4、P_5 的利润高，况且 P_3 门槛不高很多人都会犹豫进不进 P_3 产品。然而正因为 P_3 产品的策略存在这些缺陷和风险，这样选择它的人就会减少，就大大降低了市场的广告费用，也就相应会提高产品的利润。此外后期 P_3 的利润也较为客观，市场加大的话，操作者可以增加生产线，提高产能，权益上升，进而击败其他对手。

2. 劣势

相比之下 P_3 的研发周期比较长，会导致第 2 年的产能不高，加之会面临生产线维修等问题，且又是单一产品，容易导致第 2 年比较艰难从而影响以后年限，所以在选择此策略之前也需要谨慎选择，很考验参赛者的心理素质。

3. 关键操作步骤

第 1 年建 4 条固定生产线，研发 P_3，租或者买一个大厂房

市场需要全开，因为产品过于单一

ISO 认证资格可以根据需要决定是否开

如果选择 P_3 的对手过多，市场很拥挤后期可以选择加入其他产品，减少压力。

4. 使用环境

在其他产品很被看好，进 P_3 的队伍较少且市场较温和的情况。

(三) 纯 P_4 产品策略

1. 优势

在所有产品中，P_4 产品的利润最高，相同产能下每出售一个 P_4 就会比别人多 10W 以上的利润，一条生产线一年可以多出至少 40W，4 条产线就可多出 160W。在比赛中 160W 可以做些什么呢？它可以让你比别人多贷出 480W，480W 的贷款可以让你多建 3 条生产线，3 条产线就可以让你比别人多出 12 个产品。一般在比赛前期 50W 的差距到后期就可以扩大到 200W 以上，更何况是 160W。除此之外 P_4 产品的另一个优势就是市

场准入资格高,一是 P_4 产品的研发费用高,二是原料成本大,如果前期对手没能进入 P_4 产品的市场,那么后期就很难进入,一旦前期确定了市场优势,那么就意味着胜利在望。而且 P_4 产品的单价极高,在有市场老大的规则中,使用纯 P_4 产品策略可以相对轻易地占据市场老大的位置,那么以后就可以用较低的广告成本选择最优的订单。

2. 劣势

由于纯 P_4 产品的前期投入巨大,会导致所有者权益较低,所以大多数需要采用长贷的策略来保持资金链的正常运营,这就需要经营者承担较大的还款压力,而且 P_4 产品的市场需求量小,一旦前期市场拥挤,很可能导致优势减弱或是全无优势,使自己陷入苦战,难以脱身,结局也会很悲惨。

3. 关键操作步骤

前期需要借长贷,对于初学者来说偿还这种较高的长贷利息不是一项容易的事,这就需要初学者小心谨慎的计算长贷的额度,还有对偿还时间的把握。

在竞争对手较多时,一定要在市场上挤垮对手,因为纯 P_4 产品策略的前期市场尤为拥挤,只要有一个选单上失误就很难生存下去,坚持到最后才是王道,所以,一定不要吝惜广告费。

纯 P_4 产品策略可以采用短贷,但相对困难,不建议初学者使用。

如果要用短贷运营,前期一定要控制所有者权益,ISO 不要开,市场缓开,等到后期第3、4 年权益上升后再开不迟。

4. 使用环境

P_4 产品的市场不太拥挤,P_4 产品的生产线占总产线数的 25% 以下时可以放心使用。

(四) P_1、P_3 策略

1. 优势

此策略的优势在于经营者用较低的研发费用占据了比赛过程中产品上的优势。较低的研发费用,可以有效地控制综合费用,进而使利润与所有者权益保持在一个相对较高的水平,这样对于比赛后期的发展十分有利。对于 P_1、P_3 策略来说无论市场好坏都可以有生存与发展的双向选择,在市场好的前提下可以扩大产线增加产能,提高企业综合发展潜力,而在市场拥挤,经营环境恶劣时即使卖出较少产品,依然可以轻松坚持下一年,用产能来挤压竞争对手的生存空间。产品上 P_1 与 P_2 在前期毛利相差不多,P_3 毛利相对稳定,后期当 P_1 毛利下降时可以将部分生产力转向 P_3 市场,保持利润最大化。所以该策略的优势是灵动性高,无论市场如何都可将自己处于有利位置。

2. 劣势

这套策略虽然可以看经营环境来调节自身经营模式,但正因为其灵活性大,所以正确的市场判决力尤为重要。同时在使用此策略在前期创造很大优势,但这因为优势明显容易让学生造成心理上的松懈,在后期会不知不觉地被超越,需要学生时刻保持小心谨慎的态度。

3. 关键操作步骤

P_3 的研发周期为 6 季度,如果是自动线最好是让生产线的使用时间与产品研发时间处于同一时期,这样可以减少一定的维修费用与折旧损失,最大限度的稳定权益、控制现金链。

柔性线应注意在第 3 季度是否需要转产。

在第 1 年市场可以考虑不全开,因为产品多元化已经起到了分销产品的作用,大可不必 5 个市场全开。

ISO 方面,不用全开,但 ISO 9000K 一定要开,因为在第 3 年会有出现 ISO 9000K 标识的订单,拥有认证可能占领先机。

4. 使用环境

主要用于初学者的比赛中,当对手大多采用 P_2、P_4 时也可使用。

(五)P_2 和 P_3 策略

1. 优势

此方案在经营的全过程中都占有一定的优势,P_2、P_3 都是高利润产品,如果使用柔性线生产这两种产品可以根据市场的价格,及需求量等相关因素进行灵活的转化,随时可以追求企业利润的最大化,并且根据以往的市场情况可知 P_2、P_3 的 6 年经营过程中利润没有大幅度的下降,一直处于有利位置。这个方案的优势在于全程保持较高的利润,无论战况如何都能处于一个有利的位置。

2. 劣势

此方案一般情况下处于稳定的增长状态,但很难能够有很大的突破,如果遇到 P_2、P_3 市场十分紧张的情况下,很可能造成订单不足,销售收入过低,使得企业所有者权益下降,企业经营到一定时期时可以考虑对 P_1 或 P_4 进行研发转换市场,争取获得更大的利益。

3. 关键操作步骤

由一般规则可知 P_3 的研发周期为 5 季度或者 6 季度,我们可以再第 1 年的时候对 P_2 进行全年研发,P_3 只研发一季度或者两季度。

可先选择建设 4 条柔性线生产 P_2,第 2 年时对 P_3 研发完成,第 3 年可以投入生产。

市场开拓建议全面开拓,并对 ISO 进行研发认证。

第 2 年由于市场较小,P_2 产能过大,可以考虑提高 P_2 的广告。

4. 使用环境

当所用产品的对手分布比较均衡,或者 P_1、P_4 市场过于拥挤可以使用此策略。

(六)P_2、P_4 策略

1. 优势

根据 P_4 产品的研发时间及费用我们可知,这是典型的高端产品,前期 P_4 产品交货期要求高且订单数量较少,单纯的 P_4 产品很难维持正常的费用支出,这时可将一部分产能分配给 P_2 产品,既可以保证第 2 年的盈利,又能及时有效的收回资金。此外,P_2、P_4 产品同时进入同一市场,是争夺市场老大很有效的途径。

2. 劣势

前期研发费用 160W,且同时生产两种产品的生产成本很高,资金周转速度慢,回款几乎都在 2 年 3 季度甚至之后,需要操作者有较高的掌控能力及大局观。

3. 关键操作步骤

以 600W 初始权益为例,操作如下(本步骤只作为参考):

(1)第 1 年:

第 1 季度:租 1 个大厂房扣 40W,建两条 P_2 柔性线扣 100W,研发 P_2、P_4 扣 20W,建两条 P_2 柔性线扣 100W,管理费 10W,现金余额 440W。

第 2 季度:新建两条 P_2 自动线扣 100W,在建工程两条柔性线扣 100W,研发 P_2、P_4 扣 20W,管理费扣 10W,现金余额 210W。

第 3 季度:申请短贷 209W,订购原材料 R_3(4 个),在建工程两条自动线,两条柔性线扣 200W,研发 P_2、P_4 扣 20W,管理费扣 10W,现金余额 189W。

第 4 季度:申请短贷 209W,订购原材料 R_2(4 个)R_3(4 个)在建工程两条自动线,两条柔性线扣 200W,研发 P_4 扣 10W,开拓所有市场 50W,ISO 9K,14K 研发扣 20W,管理费 10W,现金余额 108W。

(2)第 2 年:

年初投放广告,本地 P_2 投 10W,P_4 投 10W,区域 P_1 投 30W,P_2 投 30W。

可适量将短贷及长贷相结合,前两季度正常生产 P_2 产品,以及 P_4 产品研发,第 3 季度两条柔性线转产 P_4 产品,特别注意的是在第 2 年第 4 季度剩余市场及 ISO 全部研发。

4. 使用环境

该策略适用于有"市场老大"且 P_4 产品较多时,笔者提醒大家,及时根据市场环境适当调整产品生产,灵活把握。

(七)P_3、P_4 策略

1. 优势

此策略的优势在于使用者在比赛过程中保证高利润,高销售的优势,P_3 产品需求量大,且毛利较 P_1、P_2 高出很多,P_4 产品虽然需求少,但利润空间大。两者结合,既有了销售数量,又有了销售毛利。所以,该策略的优势概括起来就是全程保持较高的利润,无论战况如何都能处于一个有利的位置。

2. 劣势

优势并存的是风险,两个产品研发费用高,生产成本高,每 1 季度的更新材料费用高,资金周转困难,对操作者的技术要求较高,谨慎使用。

3. 关键操作步骤

因 P_4 产品能正常生产是在第 2 年 3 季度,所以第 1 年建生产线可以选择生产较灵活的柔性线,方便转产 P_4,笔者建议 4 条柔性线起步,第 1 年 3、4 季度选择部分短贷,第 2 年根据获得订单的账期决定是部分长贷还是全部。

4. 使用环境

根据市场灵活改变,P_4、P_3 产品灵活生产,4 条柔性线也正是为了机动性强设计的。

(八) P_1、P_3、P_4 策略

1. 优势

此方案在于使用者可以随时根据市场需求、价格及时变产,以求获得最大利润。相对于单一产品来说,此方案对于所卖产品的灵活性有很大优势。

2. 劣势

此策略缺点很明显,在前期权益有限的情况下,产品研发就直接导致第 2 年权益损失近 1/6,极大地限制了第 2 年的贷款额度,若第 2 年销售不景气,将直接导致面临破产的可能。

3. 关键操作步骤

建议此方案选用手工线,第 1 年第 3 季度建设 8 条手工线,用于生产 P_1 产品,根据抢单情况决定 2 年 1 季度生产的产品以及是否再添加 4 条手工线,具体操作步骤以实际订单情况和自身现金是否充足而定。

要求使用者掌控大局,起步较为困难,需使用者及时算出前两年大体情况在进行操作。

4. 使用环境

根据市场情况灵活应变,机动性较强,若高端产品市场拥挤,即用低端产品缓和。

(九) P_1、P_2、P_3 策略

1. 优势

该策略的研发费用相对来说比较低,能有效地控制综合费用,进而使得利润、所有者权益能保持在一个较高的水平,这样对后期的发展非常有利。依照以往的经验,第 1 年的所有者权益控制在 300 以上为佳,这样可以保住第 2 年的所有者权益可以达到 500 以上,从而更有利于以后年度的发展。即便第 2 年的产品销售并不理想,也可以坚持到下一年。因为相对来说产品较多元化,操作者可以根据市场形势很好的变通。

2. 劣势

该策略的优势显而易见,但劣势却不易被察觉。对于这种策略一般来说前期都能获得很大的利润,灵活性也很好,容易造成操作者心理上的放松。原因就在于虽然产品比较多元,但都是低端产品获利能力上不如 P_4、P_5 这类高端产品,从而在后期缺乏竞争能力。这就很考验操作者的经验与细心程度,一旦不小心就会适得其反。

3. 关键操作步骤

以 600W 初始权益为例,操作如下:(本步骤只作为参考)

(1)第 1 年:

第 1 季度:租 1 大厂房扣 40W,研发 P_2、P_3 扣 20W,管理费扣 10W,现金余额 530W。

第 2 季度:新建 1 条 P_1 自动线扣 50W、一条 P_2 自动线扣 50W,新建 2 条 P_3 自动线扣 100W,研发 P_2、P_3 扣 20W,管理费扣 10W,现金余额 300W。

第 3 季度:借入短期借款 149W,订购原材料 R_3 数量为 3,R_4 数量为 2,建生产线扣 200W,研发 P_1、P_2、P_3 扣 30W,管理费扣 10W,现金余额 309W。

第 4 季度:借入短期借款 149W,订购原材料 R_1 数量为 3,R_2 数量为 1,R_3 数量为 3,R_4 数量为 2,建生产线扣 200W,研发 P_1、P_2、P_3 扣 30W,管理费扣 10W,开拓全部市场扣 50W,ISO 开发 9K 扣 10W,开发 ISO14K 扣 10W,现金余额 148W,所有者权益为 350W。

(2)第 2 年:

年初本地 P_1 投 10W,P_2 投 10W,P_3 投 31W;区域 P_1 投 10W,P_2 投 10W,P_3 投 10W。

第 1 季度:借入短期借款 129W,到货原材料 R_1、R_2、R_3、R_4 数量分别为 3、1、3、2 扣 90W;订购原材料 R_1、R_2、R_3、R_4 数量分别为 3、1、3、2,生产 1 个 P_1、1 个 P_2、2 个 P_3,管理费扣 10W,厂房租金扣 40W,现金余额 16W。

以下省略。

第 4 季度:开拓剩余全部市场;开发 ISO9K,14K,二者均可根据具体情况而定。

在卖出 3 个 P_1,3 个 P_2,6 个 P_3 后权益估计可达 550W 以上。

4. 该策略的使用环境

主要用于较成熟操作者,且大多对手在生产高端产品。

第二节 多角度分析战略

一、市场角度

本地市场,兵家开局必争之地。前 3 年 P_1、P_2 价格上涨,4 年之后价格下滑。前 3 年可以为后期积累大量的基金,缓解贷款高利息所带来的压力。中后期可以持续经济资源。建议争夺,积压产品对前期基金短缺发展非常不利,市场老大不是 1 = 1 的关系,是 1 = 1 + 1 的关系,一次广告争夺成功 = 两次主动占据市场龙头

区域市场,开发期短,市场需求量大,3 年后价格明显下滑,可以在前 3 年赚取足够利润后第 4 年退出。

国内市场,改市场的成型时期与 P_3 产品的开始期极其接近,也正是 P_2 产品的成熟期,此市场利润很大(相对于 P_2 与 P_3 来说)。

亚洲市场,开发期长,P_3 的成熟期,有 ISO 认证要求,但是利润远远大于申请认证所花费的资金。此年可以放弃区域市场的争夺而转向亚洲市场。

国际市场,P_2、P_3、P_4 的价格平凡,P_1 的价格反弹,要占有国际市场,至少要留 1 条 P_1 生产线。

二、产品角度

P_1,成本低,前期需求大。因为无须研制,所以前两年无疑就是 P_1 的争夺战。主要销往 3 个市场:本地、区域和国际市场。

P_2,成本不高,需求量稳定,材料补充快,研制周期短,倘若第 1 年本地市场老大位置没争夺到,可以利用提前开拓 P_2 来争取区域市场老大位置。在第 3 年之后,可以由 P_2 向 P_3 转移继而争夺国内甚至亚洲老大位置。

P_3,利润高,研发成本高,可以作为后期压制对手与翻盘的一把利剑,建议在第 3 年后主要生产 P_3 来压制科技慢的企业。可以说谁控制了 P_3 市场谁控制了 P_3 市场谁就能控制国内与亚洲市场。

P_4,研发成本高,研发周期长,虽然说利润不菲,但是要求高,可销售时间不长,只有 2~3 年销售期,一般不建议研制 P_4。

三、广告角度

想把商品卖出去必须抢到单子,如果小打广告小卖产品所得利润只能填补广告费与运营费用,但是贷款的利息逐年扣除,为了维护自己的权益,必须适量销售产品。

至于广告费的多少可以从多角度考虑:如果观察到对方放弃大量产品的生产而在拼命攀科技的时候,广告费不宜过大;如果发现其他企业都大量囤货时,可以避其锋芒保单即可,也可以大胆压制,消耗对方的广告费,哪怕比第 2 名多投 5M,利润不在于所赚的毛利有多少,而在与对手拉开的差距有多远,压制是一种保本逼迫对手急躁犯错的战术。

四、战略角度

企业商战模拟中有多种经济战略,灵活的战术往往是持续发展的灵魂,下面列举几种常见战术。

(一)压制型

顾名思义,压制对手,从开场做起,最大限度地利用权益贷款,封锁本地市场最大利润销售线,利用长、短贷大力发展生产与高科技路线,给每一个市场都施加巨大压力,当对手气喘不过来也开始贷款时,利用他们的过渡期可以一举控制两个以上的市场,继续封锁销售路线,逼迫对手无法偿还高息而走向破产。此战术不可做任何保留,短长期双向贷款为的就是广告+科技+市场+生产线能尽早成型,走此路线建议一定要争取第 1

和第 2 年的市场老大,巨额贷款的利息让人汗颜,无法控制市场取得最大销售量就等于自杀。

(二) 跟随型

这种企业只有一个目的:不破产。等机会在竞争激烈化后收拾残场,这样的企业一般不会破产,也不会拿到第一。首先在产能上要努力跟随前两者的开发节奏,同时内部努力降低成本,在每次新市场开辟时均采用低广告策略,规避风险,稳健经营,在双方两败俱伤时立即占领市场。此策略的关键第一,在于一个稳字,即经营过程中一切按部就班,广告投入,产能扩大都是循序渐进,逐步实现,稳扎稳打。第二,要利用好时机,因为时机是稍纵即逝的,对对手一定要仔细分析。

(三) 保守型

前 4~5 年保住自己的权益不降,不贷款,小量生产,到最后一年全额贷款,开设多条生产线,购买厂房,把分数最大化。

(四) 忍辱负重型

这样的企业有多种分歧,有的在前期被压马上贷款转型,占据新开发的市场来翻盘;有的只研制 P_1,尽量省钱在国际市场开放后一鼓作气垄断 P_1 市场争取最大销售额;有的直接跳过 P_2 的研制,从 P_1 到 P_3 转型,用新产品抢新市场份额;更有甚者忍 3 年,后期用纯 P_4 占取市场最大毛利翻盘。这样的企业在前两年举动十分明显:不发展新产品但增加生产线,或者不强市场份额而利用贷款增加生产线走高科技路线,此时便要时刻留意他们的发展,因为他们远比光明争夺市场的人更具威胁性,必须要在他们爆发的那个时期控制住他们。

五、资金角度

资金是企业运行的血脉,在权益下降时适时贷款是一个企业发展的必要决策。

(1) 如果企业在第 1 年的第 1 季度短贷,则要在第 2 年的第 1 季度还本付息。如果所有者权益允许,则还可续借短贷,但要支付利息。如果是企业能力允许的情况下,短贷也可提前还款,同时支付利息。

(2) 企业要充分利用短贷的灵活性,根据企业资金的需要,分期短贷,这样可以减轻企业的还款压力。

(3) 无论是长贷还是短贷,在每次还款时都要先看贷款额度。

(4) 申请贷款时,要注意:

$$所有者权益 \times 2 = A,则:长贷 <= A,短贷 <= A$$

长贷和短贷是分开算利息的,短贷的利息低,可是一个企业要有所突破,光靠短贷根本无法维持,最好的方法就是长、短贷相结合。贴息可以缓解经济压力,开始贴息换来的代价就是权益的下降,具有双面性。

六、生产线角度

想占取大面积市场份额必须能销售大量的产品,没有坚固的生产线根本无法与对手竞争,即使有单也未必敢接,造成了毁约更是得不偿失。

手工生产线,灵活,但是产率低,同样一年 1M 的维护费用,但是产率远远不及其他生产线。转产灵活与折旧费低是它的优势。

半自动生产线,产率比手工生产线高,但是不及全自动与柔性线,转产周期限制了它的灵活性,相对来说,是前两年比较实用的生产线。

全自动生产线,产率是最高的,折旧费用适中,即使产率最大化,也让自身效益保持稳定耗损。唯一不足的就是灵活性差,转产周期长,不建议转产,可用到最后。停产半年所造成的损失远比转产后所取得的经济效益大。

柔性线是最灵活、产率最高的生产线。其缺点是折旧率高,不建议多建设,准备一条转产备用即可。

为使效益最大化和权益最优化,全自动生产线是不二之选,因为折旧率直接和权益挂钩,产率和分值是和柔性线相等的,实为竞争利刃。

第三节　市场广告技巧

一、市场总监报告

作为我们团队的营销总监,我感到十分庆幸,我们是一支亲密无间、团结合作的队伍。彼此合作所产生的愉悦,远远超过了企业盈利所带来的欣喜,我们在高度合作的情况下,取得了傲人的成绩,我为自己的团队的成绩而自豪。

作为营销总监,我的任务也十分明确,企业将生产何种产品?生产多少?广告投入如何?通过何种销售渠道?哪里将会是我们的目标市场?市场比例如何安排?这都是营销总监所要考虑和参与决策的问题。然而,这些问题不能毫无依据的解决,市场具有一定的灵活多变性,这些问题,很大部分都没有一个确定的答案,所以制定营销计划有很大的困难。但是,作为营销总监所要具备的一个素质是:在多变的市场中,根据对产品市场信息的分析,企业自身产能的了解,及对竞争对手情况的探测,制定一个稳定但又不失灵活的方案,同时,在竞争进行时,要根据市场变化进行相应的变化,在有些情况下,提前一步于市场,一个真正成功的企业,甚至能影响和决定市场。

(一)市场策略的制定

在第 2 轮还未开始之前,我们就必须制定出一个合理的产品市场方案,根据已有的产品市场资料分析,此次的市场包括本地、区域、国内、亚洲、国际这5个市场,在这几个市场上不同的产品有着不同的价格和需求量。

同时在众多因素的影响下,这7年间各个市场在不同时间内有扩容或是缩小的现象,不同产品相对应的市场的容量也有不同的变化。

因此在这几年的企业的经营中,要明确市场导向,及时根据市场需求量和对应产品的需求量的变化做出调整,适应市场的发展,我们制定出如下计划:

产品策略:由市场预测可知R产品虽然研发成本较贵,但是其越到后面的年份价格和需求量越大,且生产只需要3个材料费用和1个制造费用(全自动下)且只占用一条生产线。C产品虽然前几年市场前景广阔,但是后劲不足且生产C产品需要B产品做原料大大限制了生产能力。S产品开发费用高且市场需求不大,故而本企业将以生产R产品为主,将初始年的B产品下线后,马上进行生产线的改造。同时留1~2条生产线做B的生产以减小全部生产R带来的高风险。

通过对本地市场B系列产品需求及价格的预测数据的分析,我们发现:除了国际市场,B产品的价格有逐年递减的趋势,并且一开始的价格也不高,只有5M左右。从第5年开始,B产品的纯利润将趋于零。为了企业的可持续发展,我们决定在第1年第1季度开始就投资新产品的研发。在选择开发哪种产品时,我们发现,R产品价格逐年上升,到了第4年达到B的两倍,而其研发所需投入12M。经过1.5年的研发后即可投入生产,并且R产品越是到后面的年份市场越大价格越高。而且对比起C产品R产品实际只占用一条生产线。所以最终我们选择了研发R。根据市场资料分析,ISO系列的认证不会那么快出现,故此项研究我们安排在了第2年、第3年开始。

市场开发策略:未来7年由于市场的开拓直接关系到企业可以拿到的订单数量,也关系到企业差异化竞争的成败,故而市场的开拓在第1年年初就必须进行,但是从市场预测看,国际市场虽然开拓周期长,但是B产品需求巨大且价格高,国际市场也必须开拓。另外,因为本地市场毕竟容量有限,我们对区域市场、国内市场、亚洲市场和国际市场进行对比分析:进入时间分别需要2年、3年、4年,所需投资分别为1M、2M、3M、4M。因为我们的战略和生产能力需要大量的市场订单才能消化,所以我们将开发所有的市场。争取再以后R产品的竞争中取得2~3个市场老大的位置。

竞争策略:本公司主要走差异化竞争,直接跳过C产品,在R产品上投广告,使得能取得1~2个市场的R产品市场老大地位。B产品上一直保持平稳生产以能消化产能为准。

广告策略:第1年投入4M~6M的广告只要拿到B的单即可以后基本都做R单,B单能消化产能即可。根据市场容量制定出最合适的广告策略,以拿到市场老大为主要目的,但是不能使广告费用太高影响财务状况。另外注意有些年份的市场容量的变化和产品需求的变化,做好市场预测,拿到与生产能力相配套的单。

(二)市场策略的实施与经验教训

第1年:第1年由于只能生产B,R产品尚未研发成功,及生产线尚未改造成功,在本地市场中占领B产品的较大市场份额,希望争取成为在B产品本地市场的市场老大,考虑到第1年大家的产能一样,面对的目标市场也一样,广告投3M的会很多,所以我们在本地市场广告投了4M,拿到2个B做订单。

根据计划进行R的研发、开拓区域、国内、亚洲、国际市场。并获得了区域市场准入。

第2年:由于生产线即将建成,R产品也快开发完成,我们小组在年度广告上投了6M,希望能够多拿订单,做上市场老大。

事实上我们也基本上拿到了想象中的订单,根据我们对R生产能力的分析预算,R产品在第3季度投产到第4季度可以产出3个而我们拿到的订单总数是两个R,故而能基本满足。另外为了消化剩下的3个B的存货以及今年产出的4个B,我们在B上又投了2M的广告,拿到了4个B的订单。

另外考虑到以后的生产资格要求,开始研发ISO 9000、ISO 14000的研发。并在这年获得了国内市场准入资格。

第3年:由于在第3年R产品新增了区域和国内市场,我们希望通过加大广告投资,多拿订单。抢占市场老大的位置。我们投入16M的广告得到了6张订单:总量为9个R和6个B,总销售额超过100M。

此轮我们总共拿到了4个市场老大位置。在R产品方面,我们拿到了本地市场和国内市场的老大。在产品B方面,我们很轻易地拿到了国内市场老大的位置,在以后的生产中,我们只需投入1的广告,就可以轻而易举得拿到自己想要的B订单。但是再拿订单的时候我们错误地估计了B的生产能力导致B有违约风险。最后是在A公司和F公司高价买入两个B使我们不至于违约,但是利润少了4M。

第4年:首先,我们对市场现状进行分析,在竞争对手上,我们与B组有着共同的核心产品和目标市场,将B组作为我们的主要竞争对手。通过观察,除B组是我们的主要竞争对手外,另外还有两组有柔性线的也有生产R产品的可能性,但是据观察,他们的柔性线主要用于生产C产品。

凭借上年我们在R市场上拿到了本地和国内两个老大,今年继续稳做这两个市场的老大,问题并不大。区域市场的老大被B组抢占,为公司长远竞争考虑,我们希望在本轮在区域市场上也抢一些订单,争取将区域市场抢回来,根据订单数量情况和其他组R产能状况,广告在区域市场投入较大,根据我们的估测E组将主要生产C,但在这一轮,E组用其柔性线生产R,拿走了我们想要的区域的订单,造成区域市场被B组稳稳站住脚跟,也给我们的广告费造成一定的浪费。

在本地和国内市场上我公司基本拿到了非常好的订单。总共投入了14M的广告费,获得120M的销售额,毛利达到66M。

第5年:在B产品方面,由于我们的产能有限,所以对订单的要求也不高,投2个市场的1M广告费就基本能满足。

然而总结上年,我们和主要竞争对手B组各有自己的R产品市场老大,上一年在亚洲R市场没有市场老大,这一年争取获得亚洲市场的老大,我们就可以稳定胜局,所以在亚洲市场上投放了5M的广告,但是结果B组以1M的优势拿到了亚洲市场老大位置并且在这一个市场上就拿到90M的销售量,而我们在这一市场上投了5M的费用仅仅拿到了销售额为12的单子。

在此次广告投放中,最大的失败就是在亚洲市场上,我们的财务很明确地跟我讲过,最大广告财务预算为18,但此轮我们投了16M,希望在最小成本内获得最大利益,结果还是由于过于胆小,失去了亚洲市场做老大的机会,同时也给了B组反超自己的机会。

第6年:此年的市场情况可以说是尽收眼底,竞争对手明确,产能明确,市场老大明确,我们仅仅根据自己的产能情况就给出了广告费用分配情况,这一年,我们用了11M的广告费用,拿到了8张单子,销售额为162M。

由于我们在广告费已经投下去的情况下又决定下一轮改造生产线,将唯一B产品生产线改成R,全部生产R,B的产能减小2,造成投了广告,但却不能拿单的情况,浪费了1M的广告费。所以,在进行广告费投入之前,要对自己的产能有准确的估算,并且在拿单时,要做到每期产能和订单交货期的没有矛盾,这样才能做到广告费不浪费,也不会产生违约情况。

第7年:这是决胜的一年,可是在这最后一年,我们在市场上和广告上却不能出奇制胜,原因是我们的产能已经固定不变,我们的市场和B组的目标市场几乎分离开来,互不影响,作为营销总监,此时所能做的是:合理分配广告费,将自己的产能最大化地消化掉。

今年我们投入了15M的广告费,足足拿了9张单子,消化了我们的所有产能,但是因为想消化全部产能与有些单子的交货期出现一些冲突,最后我们的一张单子违约一季度,少赚了2M,但是总体来讲,少赚也是赚,总比产能过剩好。

二、市场总监广告投入小技巧

(一) 市场老大

市场老大在投广告费的时候,对与需求量相对较大的产品 P_2 或 P_3、P_4 最好投3M。以免有人偷袭你的市场老大地位,而且如果有第2次选单机会,你可以选取一张单价比较好的订单。

(二) 非市场老大

在有市场老大的市场里最好打价格差,即投广告费时以2、4、6、8为主。

(三) 新市场

在新市场上,如果想要争市场老大的话,广告费必须打价格差,广告总额控制在12

以上。如果不想争市场老大的话,广告费以 1、2 为主。

(四)认证广告

自第 4 年起,必须要投。

(五)技巧

在投广告费的时候,一定要综合各个组的产能及市场老大的情况而定,如某年本地市场 A 组是市场老大,其产能是 $8P_2$、$12P_3$、$8P_4$,而 P_2、P_3、P_4 的总需求是 12、15、6,那么我们可以上市场老大会 P_2 会投 1 或 $3P_3$ 会投 3 或 P_4 投 1 就够了,同时,经过我们的估计,其他各组就 E 组能有多余的 $5P_2$,那么 E 组肯定是接散单,所以,我们就可以投 3 或 4。

第四节 沙盘战略

一、沙盘战略(一)

"心态开放,亲力亲为,团结协作,换位思考",总体来说,我们应该用一种战略的眼光去看待业务的决策和运营,我们要根据产品的需求预测做出正确而有效的企业运营决策,然后在资金预算允许的范围内,在合适的时间开发新产品,提高公司的市场地位,在此基础上,开发本地市场以外的其他新市场,进一步拓展市场领域,从而再扩大生产规模,采用现代化生产手段,努力提高生产效率。另外,6 个人还要各尽其责,在必要的基础上,充分利用其他企业良好的人力资源,为企业进一步发展做铺垫,从而使企业获得更好的经济效益。

从小的方面来说,每组中必须指定一个负责任务清单的核查。每步都需要 6 个人集中精力去听、去做,不能出一点差错。要不,会直接影响到本年的报表不平或是下一年的任务混乱。每年的企业运营过程中,有几点至关重要。

(一)广告

(1)每年年初打广告时,要注意在上年年末时特别注意一下留存的现金,要保证足以支付下年的广告费,如若不够,则要立即贴现,留够下年的广告费,再作报表。

(2)第 1 年投广告费时,一定要占领本地市场老大,而在以后几年市场竞争激烈时,至少要保住一个市场老大。另外,要问清楚评委老师有没有"二次加单"如若没有,则营销总监只能根据市场预测一次性地投入广告费,这就从根本上给营销总监打广告增加了一定难度,这就需要更好地预测及推测市场情况。

(3)在接下来几年的运营中,广告费至关重要,一定不可马虎。只有广告打好了,才能保证拿好订单,否则,即使企业的生产能力再强,如果订单没拿够,那么生产出的产品在库存挤压卖不出去就又成了问题,如果订单拿够,而产品不够,而应及时考虑到其他企业，做彼此间的交易、购买订单、购买产品等，以确保企业的正常运行与稳步发展。

(二) 登记销售订单时

(1) 一定要认真，细心。

(2) 每种产品的直接成本一定要计算清楚，不能混淆。否则，将直接影响到计算毛利及净利润，从而影响报表的不平。

(三) 有关长贷、短贷和高利贷

(1) 如果企业在第 1 年的第 1 季度短贷，则要在第 2 年的第 1 季度还本付息。如果所有者权益允许，则还可续借短贷，但要支付利息。如果是企业能力允许的情况下，短贷也可提前还款，同时支付利息。

(2) 企业要充分利用短贷的灵活性，根据企业资金的需要，分期短贷，这样可以减轻企业的还款压力。

(3) 无论是长贷还是短贷，在每次还款时，都要先看贷款额度。

(4) 申请贷款时，要注意一点：所有者权益 $\times 2 = A$，则：长贷 $\leq A$，短贷 $\leq A$，二者一定要分开计算。

(四) 原材料入库及下原料订单

规则中规定：原材料采购需提前下达采购订单。而只要下了订单，都必须入库。所以采购经理和运营总监一定要根据 CEO 的决策提前预算出每季度每种材料下订单的个数及入库产品的种类和个数。

(五) 产品研发投资

(1) 一个好的企业不会局限于生产单一的产品，这样的企业是不会长久的。

(2) 越是有实力的企业，它推出的产品在市场划分中就越细，而没有远见的企业一般只会去做一种产品，所以说在"产品研发投资"上，我们应在预算允许的前提下开发多种产品，从而提高企业的市场地位，为公司的长远做打算。

(六) 折旧

(1) 当年新投资的机器设备当年不计提折旧。

(2) 在计提折旧时，按年初设备价值的 1/3 计算(不计小数部分)，如果设备价值小于 3M，则每年折旧 1M，直到残值为止。在折旧方面，我们应尤为注意，不能出错。

(七) 新市场开拓投资，和 ISO 资格认证的投资

这里要注意的是，ISO 资格认证的投资只针对市场不针对产品。

一个好的企业需要有一种好的团队协作精神。比赛时，企业的起点都是一样的，当我们用数学的角度来观察它时，会发现企业的运行模式好似一条呈开口方向向上的抛物线。这就使我们想到了必须想办法提高第 2 年的销售额，做到第 2 年尽量少赔，然后再

充分发挥每条生产线的作用,以保证以后几年企业的顺利经营运行。在比赛时,我们应该持居安思危的态度,切忌急于求成,从而真正体会到稳中求胜的重要性。

二、沙盘战略(二)

ERP沙盘模拟对抗后需要整合的要素并不是很多,从开源的角度考虑,为增加营业收入,我们要开拓新的市场,抢到更多的市场订单,那就要开发新的产品,满足新市场的需求,所以呢,就要加快研发费用的投入。银行贷款、广告费、财务费用、维修费用、这些可变的和不可变的投入怎样计划?我们常常不去做整合分析,却有许多错误的认识,下面是我总结的错误认识产生的原因。

(一)产能领先制胜

想产能领先别人,就要扩大生产能力,投资新的生产线,为减少生产周期就会对原有手工生产线进行变卖,转向投资全自动或是柔性生产线。生产能力提高后可以充分满足市场订单的需要,在会计年度顺利生产出所需求的产品,实现销售收入的扩大。然而以产能控制市场,是更多经营者能够在第一时间想到的胜出方案,那么也就是说更多的参赛人员首先意识到争取资本增加的最好方法是来自大量的市场订单,销售额的扩大会使自己的企业顺利扩大规模,最后胜出。但是虚拟的市场环境也同现实的市场环境一样,现实中消费者的购买量是有限的,想把产出变成实际的资金回笼还需开拓更多的市场。这样就造成投入与产出的矛盾,因为市场开拓是需要时间和费用的,过早扩大生产线,提高产能在销售环节上造成失误,不能顺利变现,只能造成库存的积压,从而增加整个企业的资金压力,再者先期能扩大生产线的资金来自银行的贷款,如此会产生大量的财务费用,加上生产线的维修费用和生产线的折旧费用,每年将使企业很难盈利。

(二)保权益胜出法

激进失败的队员都认为在企业的长贷问题上很难判断,按上面的分析参赛队会对贷款和贴现会产生质疑,特别是作为财务总监非常清楚每年的利息和长贷到期时还本付息的压力是企业的一大难关。根据规则经营的虚拟企业同现实的企业一样,只要能满足贷款的要求,就会得到银行的贷款。但是银行就是一个只重视自身利益的商业伙伴,当企业将近破产,尽力去维持权益时,银行不会考虑它未来的偿还能力,企业已濒临绝境,银行也绝不会相信企业能雄峰再起来出手相助的,反而要企业偿还利息和到期的本金,一分也不能少,如果企业失去了这份能力,那么它就向各商家和公众宣布该企业破产。那么为减少企业的财务费用而保权益的方案也会在比赛中出现。然而企业经营的目标是创造利润。在保权益时,最好的做法是减少企业新产品的研发、新市场的开拓、避免以负债建设生产线的形式,从企业发展角度说,只能证明这个企业的发展潜力不足,或是资金利用率很低,产出能力太低,明显的后劲不足,禁不起对手的打压,其实风险更大。

(三)先入为主的广告策略

企业要想占领先机,抢占市场老大,就要打广告,广告的投入在各个未曾交过手的商家之间是个强烈的博弈过程。在此最适合生存的决策一定不是先入为主,因为最为关键的是开始靠大投入广告做市场,很想降低下一年的广告投入,此时产品开发和生产线投资不到位,过早引来更多对手的攻击,也会在市场维护上大伤脑筋,最不想发生的前功尽弃之事,却屡次发生。

三、沙盘战略(三)

企业资源计划是说在企业资源是有限的情况下,如何去整合企业可利用的资源,使之在提高企业竞争力的同时,也使企业的收益最大化。在用友ERP沙盘对抗赛中经营的虚拟企业中做好资源计划,就需要对企业的整体资源做出长远的计划。如此在财务方面一定要做好现金预测,这对CFO(财务总监)及其助理提出了更高的要求。CFO需要做好企业资源计划,是基于战略发展的需要,战略方向确定后,具体步骤如下:

(一)以销定产再以产定销

就是选择主要想进入的市场匹配相应的产品组合,再投入相应的生产线。每个市场有它独特的产品需要,比如区域市场从第3年开始最偏爱的是P_4产品,只要它与其他任意两种产品相配合就可以稳定市场老大的地位了。因为P_4产品的研发费用高,回收期长,所以大多数公司资金不能支持开发P_4产品。由于产品研发的周期(6Q)大于生产线投资建设的周期,所以若投资全自动生产线(4Q)可以在产品研发第3周期开始,在同一季度同时投资完成。这样生产线和P_4产品的研发费用会在第2年内完成,资金将充沛利用,尽管企业遇到巨大的资金压力,但未来企业的竞争力是很强的。

很多参赛队在生产线投资时倾向于柔性生产线没有转产周期和费用,而不去投资全自动生产线。但是一条柔性比全自动多投入8M,并不是个小数目,几乎需要4个P_1产品或2.5个P_2产品或2个P_3产品(P_4产品)的毛利实现。在此参赛队必须清晰规划自己的战略组合,市场定位一定要清晰,深入分析这个市场中需求量,最终确定自己的产品组合。再进行生产组合的分析和决策,才会做得更好。

如果把所有的产品都开发了,想拿所有产品的最大销售订单,是不现实的,即使做到了,广告投入得非常大。

(二)能否搜集到必要且准确的市场信息是企业战略制定和执行的关键

尽管竞争对手很多都身受竞争环境的困扰不得解脱。每家企业都在尽量搜集自己能掌握的信息,并对自己所掌握的信息进行筛选,再做对手的现实战略分析和未来发展方向的判断。需要掌握最新的市场信息,把握竞争对手非常细微的动作。比如在年末公布企业经营情况时,就要把竞争对手的在建工程及产品原材料订单等数据及时抓住,这样就会对下一年对手期初用哪条生产线生产哪种产品做出判断。这样会尽量避免与对手在下年初同一市场上广告的拼杀。在模拟的场景中,每个市场的需求量是不变的,不断变化的是满足需求时各家的最终决策。

下面以2006年"用友杯"全国总决赛第2赛场第2年为例。当时各家企业在第1年广告投入都很小,本地市场老大被J公司7M广告投入拿走。第1年本地广告没有比拼却有6家公司在第2年回头来抢本地市场老大,广告投入很凶,J公司没能守住市场老大,而去竞争区域市场,这种特别的关照可以看出那6家公司的决策似乎如出一辙,从中可想而知信息保守的很好,信息搜集的也非常不好。

(三)做好团队管理是管理团队成功的基础

实现团队协作是参赛团队所追求的目标,然而这一目标远非说和想那样轻松。团队成员的默契若想在短时间内实现,就要在不断的冲突中充分用实践去证明自己的观点是经得起考验的。假设财务经理对生产总监和市场总监以及采购总监的行为不做出判断,当他们需要费用时就给,情况很快就会严峻起来,从中也可以说当此种情况发生时更多是其他部门对严峻未来的慎重思考所致。ERP更多的教我们如何去做企业资源的计划和团队管理,而不是做想通过某种侥幸获得意外的收益。这样才有基础做好基础课的反思与回顾,让我们从曾经或将要学的知识中受益,使我们真正成为知识的使用者和受益者。

附　录

附录一　企业商战运营模拟经验总结

一、选手经验总结

为期两天的 ERP 沙盘企业商战运营模拟结束了，尽管时间不长，但使我对在专业知识、体系构架理性认识的基础上，更多地对企业经营管理的感性知识层面有了深切的体会。简单总结如下。

(一) 在犯错误中学习

中国有句古语叫"一将成名万骨枯"，这句话除了对战争残酷性的批判之外，还揭示了一个更加深刻的管理学问题，那就是完全依靠管理实践在实战中培养管理者，其代价是极其惨重的，任何组织和个人都难以承受如此巨大的培养成本。战场上的火线历练固然可以培养攻无不克的将军，大范围的岗位轮换也是培养经营型管理人才的有效方法，但这些方法同样会使组织付出高昂的培养成本，承受极大的失败风险。

但是在沙盘模拟训练中，我认为多犯错误收获更大。不管你犯了多少低级可笑的错误，暴露了多少自身存在的缺点，有多少决策和执行的失误，都不会给企业造成任何实际的经济损失。但是模拟经营中那些痛苦的教训和失败的经历却能令我们在特定的竞争环境下，与实战相比得到更深切并且具体的体会。

(二) 构建战略思维

原以为战略思维只是一个企业的 CEO 指定的企业发展方向，是一个很概括、不易度量的概念，通过学习我看到战略思维是从始至终都应该在组织成员的意识和行动上有所把握，即从整体上来思考问题，远比各管一摊有效率得多。

另外，如何建立一个企业的战略也是一个相当重要的问题，不可以被无视企业长期发展的"当期"意识制约管理者战略纵深思维的形成，对企业持续发展和长期利益构成直接伤害。现代优秀的职业经理人必须树立基于现实的未来意识，因为只有这样，中国的管理者才能走出势利与卑微，才能回归责任与诚信，管理者的价值才能得以体现，中国的企业才能持续发展、走向未来。

沙盘模拟培训的设计思路充分体现了企业发展必然遵循的历史与逻辑的关系，从企业的诞生到企业的发展壮大都取决于战略的设定。要求管理团队必须在谋求当期现实利益的基础之上做出为将来发展负责的决策。通过学习，让我深刻体会到了现实与未来的因果关系，管理者必须要承担的历史责任，学习运用长期的战略思想制定和评价企业决策，而且必须有诚信的职业操守。

（三）受用于群体决策

一个组织是否成熟，明显的标志就是看它有没有能力形成并运用组织的智慧。沟通、协作和群体意识在未来企业竞争中的作用越来越被有远见的组织所关注。中国企业更是迫切需要走出独断决策的传统误区，仅仅依靠特殊资源构建竞争优势的老路已经走到了尽头，企业的竞争越来越趋向于组织整体智慧的较量。

我组成员在这一点上占据了很大优势，最后优秀成绩的取得在很大程度上归功于我们的群体决策。在巨大的竞争压力和时间压力下，要想取胜就必须快速建设能力超群的高效团队，形成团队个体之间的优势互补，运用团队智慧，对环境变化做出准确的判断和正确的决策。在没有经验的一群人中，如果只按照自己分内的职责做事，无疑很狭隘并且是没有发展的。

在这个过程中，我只是个小小的营销助理，但我相信在这个团队中我发挥了很重要的作用，除了不多的一些意见没有被采纳外，其他都被证明是很明智的决策。说明运用积极的沟通技巧，发挥影响力，培养成员之间的信任，在团队协作中是很有效的。

（四）总结

随着中国市场经济的快速发展，全球经济一体化进程的加快，具有网络化、数字化、信息化三大特征的知识经济时代已款款而至，企业的管理思想和管理手段也在不断变革，具备先进管理理念和作用的 ERP 已被越来越多的企业所认同和接受，其成功的信息集成、市场预测、统筹分析、全面质量管理和成本管理、项目管理等作用已经初步凸现出来。通过 ERP 沙盘模拟实验，我深切地感受到，现代企业若想做强做大，必须进行合理的企业各种资源的有效利用和规划，即实施企业的 ERP。

从总体战略说起，最后的评分方法虽说是各种其他资源状况的权重再乘以所有者权益，但其他只是一个锦上添花的作用，能不能得高分还是要看你的所有者权益够不够多，所以你选用什么样的战略，判断标准只有一个——所有者权益，估计出来的值，我建议，超过 100M 的才是可考虑的战略，因为这个游戏是个博弈，而且好像是零和博弈，也就是说，如果有人盈利就一定有人亏损，你赚到 100M 以上，别人基本上就没有机会追上你了，除非有 2 个以上的组做得太差最后权益都低于 40M。所有战略的出发点都是这个游戏的规矩，所以一定要吃透规则，最大限度地利用规则，比如说，计提折旧，如果第 1 年要上全自动生产线或柔性线，你要什么时候开始投资，产品的开发周期是 6Q，你第 1 年第 1 季度就投的话，有2Q什么都干不了，还要多提1年的折旧，这样的生产线要分成2年投，在1年3Q投，到2年3Q开始用，第2年还是在建工程，不提折旧，这样就少提了1年的折旧，而且因为第一年能赚的钱有限，拿到最大单毛利才22M，所以第1年应该尽量减少支出，把折旧往后几年推，并借长贷，为前3年的现金流做保证，也是为了防止以后几年权益越来越少，无资格借款，60M应该是比较稳健的，短贷不建议多用，因为按照规则规定的顺序，你要是期期都有短贷，是必须先还才能再借的，也就是要求每期的现金流都要保证在20M以上，这实际上是一种负担，要借也最好避开年初和年末的2期，更不要一期借40M，否则现金会断流。说到财务方面，现金流无论如何都不能断，但小投入只有小回报，高投入、高风险但回报也高，实在不行还有高利贷，还可以卖厂房。我们组在很困难的情况下，卖了厂房，借了40M的高利贷，最后的权益还能达到111M，而且我们最后开了6条全自动线，生产能力是最强的。这些就要你能生产，能卖得出去。生产什么？卖什么？这要看市场预测的功夫了。

市场预测，先说最大单，数量应是市场总量的1/3，第二大单比最大单数量一般少2个，然后说带ISO认证要求的，第4年有这个要求的订单数量1~2个，第5年总的订单数的大概1/2，第6年就要占到80%了，所以这2个认证很重要，能早出就早出，或许就能多拿到一张订单。在总结出每种产品每年每个市场最大单数量及毛利的情况之后，以上的问题就一目了然了，总体来说是多产品单市场战略，绝对不能做单产品多市场的战略，因为市场老大这个规则非常有影响力，第1年要多下广告，一定要抢下本地市场老大的位置，因为本地市场无论是什么产品价格都很高，与它一样的还有亚洲市场，这2个市场对于P_2、P_3来说更是这样，数量大，价格高，拿第一的保证，P_1价格逐渐走低，后期只有一个国际市场有的赚，而P_2、P_3才是赚钱的主力，后期更是要狂暴P_3，多卖一个P_3，就多5M的毛利，而P_4发展空间太小，起不到什么作用，费用还高，就不要开发为好。第二年就要出P_2、P_3，说到这里，就要说生产安排的问题了，各种生产线对各种产品的投资回收期，P_1全自动最短，P_3半自动最短，全自动其次，综合的按投资收益率来看，全自动的投入产出比是最好的，也就是说，全自动效率最高。上生产线就要全自动的就好，柔性线折旧太高。生产总监要把每年有多少产品做好，并告知营销总监，这样他拿单子才有准，最后一年一定要做到零库存，零原料，生产线宁可停产。

最后再说一个比较偏门的方法，那就是结盟，具体来说，你投本地和区域市场的广告，你的同盟者也这样做，但重点不同，你重点投在本地，你的伙伴在区域，拿完订单后，交换订单，他把本地的订单给你，你把区域的订单给他，这样就可以优势互补，一个市场最少可以保证拿2张订单，投入也要少一些，合作来抢市场的老大，或保持老大地位，能否结盟还要看各位总经理的能力。

总经理一定要做到心里有数，顾全大局，不逞一时之勇，坚定团结众人的信心，使第3年和第4年的权益不要亏到40M以下，小赚稳步前进。

二、比赛经验总结

ERP沙盘对抗赛的基础背景设定为一家已经经营若干年的生产型企业,每组各代表不同的一家虚拟公司运营6年的过程,在这个训练中,每个小组的成员将分别担任公司中的重要职位:总经理(CEO)、财务总监(CFO)、营销总监(CMO)、生产总监(COO)、采购总监(CSO)。几个公司是同行业中的竞争对手。他们从先前的管理团队中接手企业,在面对来自其他企业(其他学员小组)的激烈竞争中,做出发展决策。以下讲述我在ERP沙盘模拟对抗赛中的经验。

首次接触ERP沙盘模拟对抗赛是在我大一的时候,那时候我还什么都不知道,感觉那是场游戏,但是就因为那次的参与我就喜欢上了这个思想和智慧的对抗游戏。于是本学期石河子大学首次ERP沙盘模拟对抗赛我参加了。从初赛、复赛我们都一路如意,最后以第一的身份进入了决赛。但是决赛中的意外我们以1分之差与冠军失之交臂。幸运的是我被老师选定代表大学参加"用友杯"全国财经类大学生ERP沙盘模拟对抗赛,我们的团队队员是临时从各组选拔出来的,在"五一"期间经过黄程老师训练的各种模拟方案的磨合踏上了"战场",我们都带着胆怯的心理踏上奔向上海的列车。因为我们的对手是财经类院校的"正规军"。我们到上海拿到规则和市场预测的时候,黄程老师要求我们细看规则。作为CMO的我要做前期事就更多了,要做好市场情况分析及做出市场毛利图,同时建立市场、产品、时间的三维模型,为以后市场广告做准备。同时我们队商量了整体发展方案及临时变换方案。通过比赛总结以下几点经验。

(一)研究

1. 研究物:规则、市场预测、生产投资回收期

我们的决策全部都要在规则下制定,同时更需要符合市场的需求,因为我们的生产经营6年,如何投入生产线及产品?必须弄清投资回报率和投资回收期。

2. 研究人:竞争对手、自己

弄清对手的发展状况,确定谁是我们真正的对手,同时给自己定位。

(二)思路

策划大师王志纲说过:"思路决定出路。"我们可以把决策分成以下几个方面:

1. 产品

产品专业化(选好毛利比较高的产品,我们可以做到重点生产某种产品或是只生产某种产品)选好自己的主打产品,做好品牌。

2. 市场

市场专业化(集中化):某种产品对应某个市场,做好产品、市场、时间的三维坐标体系,看好重要市场。做好市场老大,也是比赛中稳定的好方法。

市场全面化:可以选择所有市场,但是同样要做好产品、市场、时间的三维坐标体系,

看好要投资哪个市场,以获取高额利润。

3. 生产线(全自动/柔性/半自动/手工)

投资生产线一般投资全自动、半自动、柔性和手工,几乎不在后期开发。

选择时间投入:①为使得少提折旧可以选择生产线在某年第1季度建成。②最好使生产线和产品同一时间研发完成。③转产最好选择手工线,其他一般不转产(特殊情况特殊对待)。

4. 融资渠道

贷款(长贷、短贷、高利贷):贷款和权益有关,第1年末长贷做好选择贷款最高额(因为权益在逐年下降,不贷就没有机会了),长贷用于生产线投资产品研发,短贷用于维护生产和生产周转(注:不到没有办法就不贷高利贷)。

贴现:预算好,做到不贴现(贴现减少权益)。

出售厂房:出售厂房也可以带来投资新生产的好办法。但是要预算好,做到良好运用。

(三) 中心

1. "以权益和加分项"提高为中心

比赛中最后得分是:权益 $\times (1 + $ 加分项$/100)$

所以要做的每一步都要看是否影响权益的减少,哪些是加分项,在加分项和权益抵触时怎样选择。

2. 以决定的决策为中心执行

"决策是民主的,执行是独断的。"我们不能在执行中拖延,"正确决策需要强硬的执行力"。所以要求总监在决策时发挥自己的创新点,在执行时根据目标执行。

(四) 回顾

回首一路走过的 ERP 对抗赛,每次比赛都是变化百般的,在这里没有什么模式可以照搬,小小沙盘蕴含了我们每位参赛选手的智慧,同时也贯穿了我们学习中的财务管理、企业战略管理、生产运作管理、市场营销、市场调查与预测等各门课程知识。真正将理论知识运用于实践过程中。

在沙盘中我们总结以下几种战略方案:

1. 占山为王

在每次比赛中,本地市场的各种产品销售和毛利都有较大的市场。首年高投入广告费占据好市场老大,同时高额贷款扩大生产,运用产能战局第一,让别人望尘莫及。

2. 厚积薄发

前期减少广告费投入,积聚力量扩大生产和产品研发,最后运用良好的广告投入在后几年占据有效市场,最终超越别人。

3. 遍地开花

本方案建立在完全认清市场的情况下,市场全都开发,合理的广告把自己的产品销售到毛利最高的市场上去,从而获得较高的销售额。

此次"用友杯"全国财经类大学生 ERP 沙盘模拟对抗赛,运用了厚积薄发、遍地开花的结合体,我们做到前几年权益不怎么减少,同时生产线跟上,保证产能,最后在比赛中取得优异的成绩。

三、商战运营模拟实验心得之败有所学

为期两天的沙盘模拟虽然我们并不是最后的胜利者。但是,有开心,有郁闷,有感悟,有收获。短短两天时间,短短 6 个会计年度,获益匪浅。团队合作,整体规划,产销预测,产品研发,市场开发,广告投资,贷款还款……书本上学来的知识第 1 次进行综合运用,在与团队成员的交流中相互切磋,相互学习。

(一)从整个战略看我们的团队

第 1 年只有一个产品,一个市场,所以关键在广告的数额,但是在第 1 年的决策中,由于大家都只看到了老大的位置,拼命地抬价,我们虽然也投了比较多的费用,但还是失去了有利的地位。而在第 2 年我们的目标是争夺市场、投资生产线和进行产品研发,同时还有市场的开拓。在对比了各类产品和市场的销售预测后,我们终于决定了产品和市场的方向。而在第 2 年中,我们犯了一个严重的错误,市场广告费用投入过大,使资金流量不足,以至于以后好几年都亏损。但在以后的决策过程中我们也由于第 2 年的大投入而一直占据市场的领头地位,为后期的费用也节省了不少。在以后的几年中,我们认真地研究了各个市场的行情,做出了较明智的决策,最终实现赢利。

在整个经营过程中,我们充分利用了长贷的优势,负债比率一直很高,使现金流量良好地运行。但是很遗憾,当我们从逆境中走出,准备开始大展拳脚的时候,6 年实验结束了。如果再给我们两年的时间,我们交出去的一定是一个完美成长的企业。

总体来说,我们的战略定位没有错,但在实施的过程中,由于一些决策考虑得不足,比如第 2 年的广告是我们的一大悲痛。

(二)从个人的角色看我们的团队

沙盘模拟结束后的第一感觉是,自己在不断地移动灰、蓝、红币,可是冷静下来细想,获益真的很多。作为 CSO 不是简单地进行采购,在做出采购决策的同时,不仅要考虑当前的生产能力和计划产出及库存量,同时还要在大家做出未来预测的条件下,考虑未来可能的生产计划。而且,在经营的过程中,还要与大家团结合作,共同做出企业的经营决策。

在实验的过程中,由于某种原因我换了角色,做财务总监(CFO)。老实说做 CFO 真的很累,要做很多的记录和计算。不过也让我知道了做财务的难处,不仅要处理大量的报表,而且要确保报表的平衡。在报表的平衡中可能会出现各种想不到的问题,一个小小的失误或差错就会使整个报表失衡。

(三)实验过程中的一点小看法

实验中的具体步骤虽然都比较明确,但也有些地方不够统一,特别是在做的过程中大家的理解不是十分一致,也导致不同的组之间的结果差异很大。另外,从实验过程中发现,企业有时会为了财务报表的平衡而刻意地去进行一些活动,有的甚至违背时序。由此可知财务对于企业来说的重要性。同时也可以看出企业经营过程中决策的重要性,一个库存的移动都会对企业的财务报表产生很大的影响。

总之,在整个经营过程中,无论是作为什么角色,都应该积极地参与企业经营的各项决策,同时大家应该互相帮忙,团结合作,把企业的整体利益放在各自部门的利益之上,从企业的全局角度出发。做沙盘模拟使我对企业的日常经营活动有了具体的了解,而且使平时学的理论知识具体地与实践进行了一次综合,加深了对理论的认识,提高了自己分析问题的能力。相信如果有下次机会,我一定会做得更好。

四、企业商战运营模拟感想

为期两天的 ERP 沙盘模拟结束了,沉浸在生产、订单、广告的世界里,有如下收获与大家分享。

(一)从整个战略看

第 1 年只有一个产品,一个市场,所以关键在广告的数额,营销总监立了大功,我们很顺利地拿了销售额最高、利润最大的订单,所以,第 1 年我们把自己定位在市场老大的位置上,如果想继续保住市场老大的位置,那么只有靠产品创造利润,我们决定投资生产线,在上一年所有者权益还很充足的情况下,我们及时地借足了长贷,预计第 2 年和第 3 年不会盈利,是投资年,但是从第 4 年开始,我们会借助强大的生产规模使利润迅速增长,只要我们的现金流能挺过最困难的第 2 年和第 3 年,那么我们肯定没问题。这种思路在我看来是一个正常的企业成长思路,经过成长期到成熟期的过程。

但是,我们没有认真地研究最为重要的广告规则,在第 2 年和第 3 年我们错误地投入了大量的广告费却没有拿到该拿到的订单,致使我们的资金投入到生产线和产品成本中不能及时收回,这样就得不断地借贷款,直接导致了在第 5 年和第 6 年,当我们谨慎地用最少的广告拿到最大的订单产生了最大的利润后,这些利润却全部用来归还了各种各样的贷款和利息,直到第 6 年,我们的贷款压力减小了,开始有利润了,所有者权益开始增加了,比赛却结束了。

(二)作为 CFO 的自我反省

上课之前,我跃跃欲试地想可以把课堂上的东西应用于实践了,但是,两天之后,我坐在这里反思,作为 CFO 这样一个举足轻重的角色,在前两年,我没有意识到自己的重要性,把自己的职责简化成了会计,把账记平是我最大的责任,我没有认真地做过一次短期经营决策,没有认真地做过利润预测,没有精确地计算过成本,该做的很多都没有做,致使从第3年开始,我们的现金流出现危机,企业时刻面临破产的风险,从第1年到第6年我们借的高利贷竟然达到了26 000万元,光利息就压得我们喘不过气来,从第3年末开始,才与营销总监要数据预测销售额,向生产总监要下一年生产成本的数据,预测利润,再预测费用,防止现金断流,防止债台继续高筑,认真分析与关联企业的交易到底给我们带来多大的收益。如果在第1年我就能进入这样的角色,那么我们就不会在第3年其他企业纷纷缩减广告费的同时打出3 900万元的广告费用,少了这个失误,会让我们少很多恶性循环的贷款,不会让我们饱受借新贷还旧贷的折磨。

经过这次教训,我认识到,作为一个企业的 CFO,要学会在下一年开始之前,根据营销和生产部门做计划,根据计划做预测,根据预测对生产过程进行控制,在年末对经营结果进行监督反馈,做到用最少的成本获得最大的收益。

(三) 从团队协作看 A 组

在这个5人的团队里,每个角色都很重要,在开始的两年我们合作不是很协调,配合得不是很默契,沟通不足,使很多信息不能在整个团队内有效地传递,导致了很多失误,随着时间的推进,我们进入了困境,但是各部门的配合却越来越默契,各种信息都能很好地传递,很好地表现在我们的供应、生产和销售的配合,第6年做到了零库存。

我们在最困难的时候依然团结,依然没有放弃,最后终于有了一点起色。但是,我不得不说,我们的 CEO 很不称职,在我们债台高筑、资金链频频告急、广告打不准、订单拿不到的时候,我们的 CEO 没有承担责任,最后竟然有一点袖手旁观的感觉,在这样的情况下,我们4个部门只有齐心合力自己做决策,少了一个人的参与,每个人都感觉压力又大了一份,责任又重了一份。

我们这个团队,如果评优秀员工的话,我会投我们营销总监的票,在最困难的时候,我们的营销总监精打细算,积极奔走于竞争对手之间,寻求最广泛的合作,增加利润,减少库存,增加现金流,在最后一年,我给的预测是只要拿到2.2亿元,我们就能周转了,在经过一番激战后,我们的营销总监拿回了2.4亿元的订单。

(四) 从整个市场环境看企业成长

战争刚刚打响的两年,我们互相排挤,不合作,每个企业都把精力全部放在自己的企业内部。

随着时间的推移,我们的市场异常活跃,各种各样的合作方式涌现出来,来料加工,进料加工,库存转移,广告合作策略,形式多种多样,都是为了实现双赢甚至多赢,这样的市场才是正常的、成熟的市场,这样的企业才有生存下去的潜力,才会创造更多的价值。

最后,要感谢我们的老师,这两天一直在我们左右辅助我们把比赛进行下去,我们都从中学到了很多课本上学不到的东西,感谢这次机会让我们知道了自己的不足,让我们看到了简化了的现实,我们都想再来一次。

附录二 实验报告

实 验 报 告

名称_____

实验项目名称_____

姓名_____ 系别_____ 班级_____ 组别_____

同组者姓名_____

试验时间201____年____月____日至201____年____月____日

指导教师_____ 职称_____

附 录

实验报告			
实验名称		实验地点	
实验时间			

实验目的及原理：

预习的基本知识点：

实验方法、步骤及内容：

实验结论与分析、存在的问题：

指导教师评语：

成绩：_____　　指导教师签字：_____
　　　　　　　　　　201____年____月____日

附录三　第10届"用友新道杯"全国大学生沙盘模拟经营大赛黑龙江省总决赛·经营规则

1. 生产线

运营中生产线相关指标见附表3.1。

附表3.1　生产线指标

生产线	购置费	安装周期	生产周期	总转产费	转产周期	维修费	残值	分值
手工线	50W	1Q	2Q	0W	无	10W/年	5W	5
自动线	150W	3Q	1Q	20W	1Q	20W/年	30W	8
柔性线	200W	4Q	1Q	0W	无	20W/年	40W	10
租赁线(前3年)	0W	1Q	1Q	20W	1Q	85W/年	-100W	0
租赁线(后3年)	0W	1Q	1Q	20W	1Q	70W/年	-85W	0

①安装周期为1,表示即买即用。
②不论何时出售生产线,从生产线净值中取出相当于残值的部分计入现金,净值与残值之差计入损失。
③只有空的并且已经建成的生产线方可转产。
④当年建成的生产线、转产中生产线都要交维修费。
⑤折旧(平均年限法):建成第1年不进行折旧。
⑥生产线不允许在不同厂房移动。

租赁线不需要购置费,不用安装周期,不提折旧,维修费可以理解为租金;其在出售时(可理解为退租),系统将扣100W/条(租赁线前3年)或85W/条(租赁线后3年)的清理费用,记入损失;该类生产线不计小分。

2. 折旧(平均年限法)

相关折旧的提取指标见附表3.2。

附表3.2　折旧年限

生产线	购置费	残值	建成第1年	建成第2年	建成第3年	建成第4年	建成第5年
手工线	50W	5W	0	15W	15W	15W	0
自动线	150W	30W	0	30W	30W	30W	30W
柔性线	200W	40W	0	40W	40W	40W	40W

当年建成生产线当年不提折旧,当净值等于残值时生产线不再计提折旧,但可以继续使用。

3.融资

运营中融资状态见附表3.3。

附表3.3 融资条件

贷款类型	贷款时间	贷款额度	年息	还款方式
长贷	每年年初	所有长、短贷之和不能超过上年权益的3倍	10%	年初付息,到期还本
短贷	每季度初		5%	到期一次还本付息
资金贴现	任何时间	视应收账款额确定	10%(1季度,2季度),12.5%(3季度,4季度)	变现时贴息,可对1,2季度应收联合贴现(3,4季度同理)
库存拍卖		原材料八折,成品按成本价		

注:长贷利息计算,所有不同年份长贷加总再乘以利率,然后四舍五入算利息。短贷利息是按每笔短贷分别计算。

4.厂房

运营中厂房状态见附表3.4。

附表3.4 厂房基本状况

厂房	买价	租金	售价	容量	
大厂房	440W	44W/年	440W	4条	厂房出售得到4个账期的应收款,紧急情况下可厂房贴现(4季度贴现),直接得到现金,如厂房中有生产线,同时要扣租金
中厂房	300W	30W/年	300W	3条	
小厂房	180W	18W/年	180W	2条	

每季度均可租或买,租满一年的厂房在满年的季度(如第2季度租的,则在以后各年第2季度为满年,可进行处理),需要用"厂房处理"进行"租转买""退租"(当厂房中没有任何生产线时)等处理,如果未加处理,则原来租用的厂房在满年季度末自动续租;厂房不计提折旧;生产线不允许在不同厂房间移动。厂房使用可以任意组合,但总数不能超过4个;如租4个小厂房或买4个大厂房或租1个大厂房买3个中厂房。

5.市场准入

各地市场基本情况见附表3.5。

附表3.5 市场准入条件

市场	开发费	时间	
本地	10W/年	1年	开发费用按开发时间在年末平均支付,不允许加速投资,但可中断投资
区域	10W/年	1年	
国内	10W/年	2年	
亚洲	10W/年	3年	市场开发完成后,领取相应的市场准入证
国际	10W/年	4年	

①开发费用按开发时间在年末平均支付,不允许加速投资。
②市场开发完成后,领取相应的市场准入证。
③无须交维护费,中途停止使用,也可继续拥有资格并在以后年份使用。
④市场开拓,只有在第4季度才可以点击。

6. 资格认证

国际市场认证指标见附表3.6。

附表3.6 资格认证表

认证	ISO 9000	ISO 14000	
时间	2年	2年	开发费用按开发时间在年末平均支付,不允许加速投资,但可中断投资
费用	10W/年	15W/年	ISO开发完成后,领取相应的认证

①无须交维护费,中途停止使用,也可继续拥有资格并在以后年份使用。
②ISO认证,只有在第4季度才可以点击。

7. 产品

运营中产品基本状况见附表3.7。

附表3.7 产品基本状况表

名称	开发费用	开发周期	加工费	直接成本	产品组成
P_1	10W/季度	2季度	10W/个	20W/个	R_1
P_2	10W/季度	3季度	10W/个	30W/个	$R_2 + R_3$
P_3	10W/季度	4季度	10W/个	40W/个	$R_1 + R_4 + R_5$
P_4	10W/季度	5季度	10W/个	50W/个	$R_2 + R_5 + P_1$(注意P_1为中间品)
P_5	10W/季度	6季度	10W/个	60W/个	$R_3 + R_4 + P_2$(注意P_2为中间品)

8.原料

运营中原料状况见附表3.8。

附表3.8 原料基本情况

名称	购买价格	提前期
R_1	10W/个	1季度
R_2	10W/个	1季度
R_3	10W/个	2季度
R_4	10W/个	2季度
R_5	10W/个	2季度

9.紧急采购

①付款即到货,原材料价格为直接成本的2倍,成品价格为直接成本的3倍。

②紧急采购原材料和产品时,直接扣除现金。上报报表时,成本仍然按照标准成本记录,紧急采购多付出的成本计入费用表损失项。

10.选单规则

投10W广告有一次选单机会,每增加20W多一次机会,如果投小于10W的广告则无选单机会,但仍扣广告费,对计算市场广告额有效,广告投放可以是非10倍数,如11W、12W。

①投广告,只有裁判宣布的最晚时间,没有最早时间。即你在系统经营结束后可以马上投广告。

②市场老大在该市场所有产品有优先选单权;其次,以本市场本产品广告额投放大小顺序依次选单;如果两队本市场本产品广告额相同,则看本市场广告投放总额;如果本市场广告总额也相同,则看上年本市场销售排名;如仍无法决定,先投广告者先选单。第1年无订单。

③选单时,两个市场同时开单,各队需要同时关注两个市场的选单进展,其中一个市场先结束,则第3个市场立即开单,即任何时候会有2个市场同开,除非到最后只剩下一个市场选单未结束。如某年有本地、区域、国内、亚洲4个市场有选单,则系统将本地、区域同时放单,各市场按P_1、P_2、P_3、P_4、P_5顺序独立放单,若本地市场选单结束,则国内市场立即开单,此时区域、国内市场保持同开,紧接着区域结束选单,则亚洲市场立即放单,即国内、亚洲市场同开。选单时各队需要点击相应的"市场"按钮,一个市场选单结束,系统不会自动跳到其他市场。

提请注意:

①出现确认框要在倒计时大于5秒时按下确认按钮,否则可能造成选单无效。

②在某细分市场(如本地、P_1)有多次选单机会,只要放弃一次,则视同放弃该细分市场所有的选单机会。

③破产队广告总额不能超过60W。

④本次比赛有市场老大。

⑤破产队可以参加选单,并且市场老大有效。

⑥在该市场上年销售额最高且无违约的队伍,为该市场的本年市场老大。

11. 竞单会(系统一次同时放3张订单,同时竞单,并显示所有订单,第4年和第6年有竞单)

参与竞标的订单标明了订单编号、市场、产品、数量、ISO要求等,而总价、交货期、账期3项为空。竞标订单的相关要求说明如下:

竞拍会的单子、价格、交货期、账期都是根据各个队伍的情况自己填写选择的,系统默认总价是成本价,交货期为1期交货,账期为4账期,如要修改需要手工修改。

(1) 投标资质。

参与投标的公司需要有相应市场、ISO认证的资质,但不必有生产资格。

中标的公司需为该单支付10W的标书费,在竞标会结束后一次性扣除,计入广告费里面。

如果(已竞得单数+本次同时竞单数)×10>现金余额,则不能再竞。即必须有一定现金库存作为保证金。如同时竞3张订单,库存现金为54W,已经竞得3张订单,扣除了30W标书费,还剩余24W库存现金,则不能继续参与竞单,因为万一再竞得3张,24W库存现金不足支付标书费30W。

为防止恶意竞单,对竞得单张数进行限制,如果{某队已竞得单张数>ROUND(3×该年竞单总张数/参赛队数)},则不能继续竞单。

提请注意:

①ROUND表示四舍五入。

②如上式为等于,可以继续参与竞单。

③参赛队数指经营中的队伍,破产退出经营则不算在其内。

(2) 投标。

参与投标的公司须根据所投标的订单,在系统规定时间(90秒,以倒计时秒形式显示)填写总价、交货期、账期3项内容,确认后由系统按照:

得分 = 100 + (5 − 交货期) × 2 + 应收账期 − 8 × 总价/(该产品直接成本 × 数量)

以得分最高者中标。如果计算分数相同,则先提交者中标。

提请注意:

①总价不能低于(可以等于)成本价,也不能高于(可以等于)成本价的3倍。

②必须为竞单留足时间,如在倒计时小于等于5秒再提交,可能无效。

③竞得订单与选中订单一样,算市场销售额。
④竞单过程中不允许紧急采购,不允许市场间谍。
⑤破产队不可以参与投标竞单。

12. 订单违约

订单必须在规定季度或提前交货,应收账期从交货季度开始算起。应收款收回系统自动完成,不需要各队填写收回金额。

13. 取整规则(均精确或舍到个位整数)

①违约金扣除——四舍五入(每张单分开算)。
②库存拍卖所得现金——四舍五入。
③贴现费用——向上取整。
④扣税——四舍五入。
⑤长、短贷利息——四舍五入。

14. 特殊费用项目

库存折价拍卖、生产线变卖、紧急采购、订单违约、计入其他损失。

15. 重要参数

运营中重要参数如附图3.1所示。

参数	值	单位	参数	值	单位
违约金比例	20	%	贷款额倍数	3	倍
产品折价率	100	%	原料折价率	80	%
长贷利率	10	%	短贷利率	5	%
1,2期贴现率	10	%	3,4贴现率	12.5	%
初始现金	650	W	管理费	10	W
信息费	1	W	所得税率	25	%
最大长贷年限	5	年	最小得单广告额	10	W
原料紧急采购倍数	2	倍	产品紧急采购倍数	3	倍
选单时间	40	秒	首位选单补时	20	秒
市场同开数量	2		市场老大	⊙有 ○无	
竞拍时间	90	秒	竞拍同拍数	3	

信息确认

附图3.1 重要参数指标

提请注意:

①每个市场每种产品选单时第1队选单时间为60秒,自第2队起,选单时间设为40秒。
②初始资金为650W。
③此次比赛不允许以非间谍形式查看其他队伍的计算机信息,信息费为1W/次/队,即

交 1W 可以查看一队企业信息，交费企业以 Excel 表格形式获得被间谍企业的详细信息。

公司信息框架结构如附图 3.2 所示。

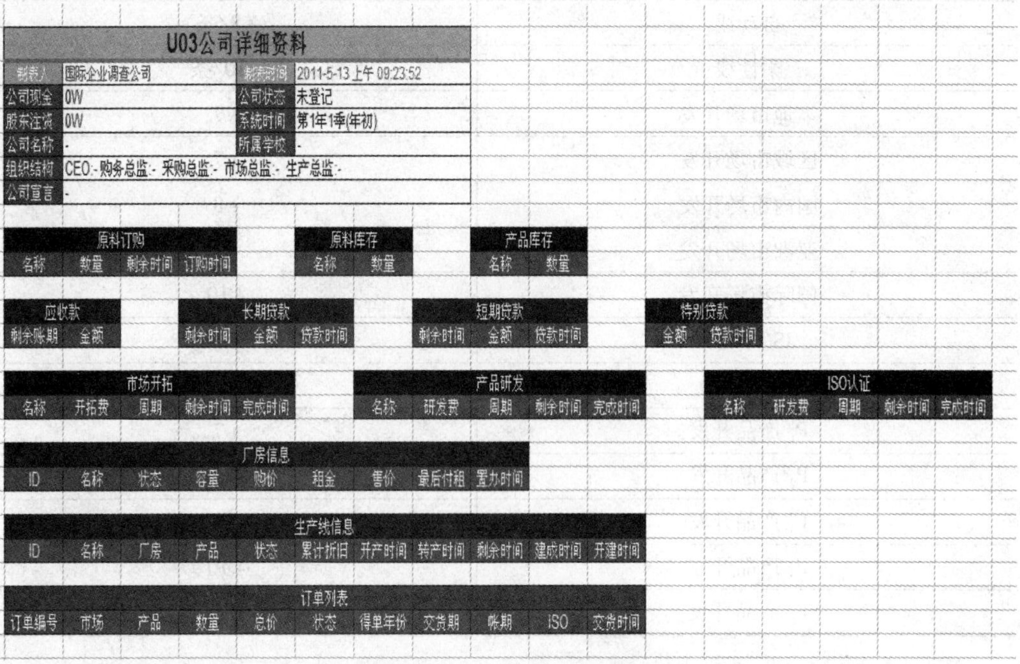

U03公司详细资料			
制表人	国际企业调查公司	制表时间	2011-5-13 上午 09:23:52
公司现金	0W	公司状态	未登记
股东注资	0W	系统时间	第1年1季(年初)
公司名称	-	所属学校	-
组织结构	CEO:- 财务总监:- 采购总监:- 市场总监:- 生产总监:-		
公司宣言	-		

原料订购			
名称	数量	剩余时间	订购时间

原料库存	
名称	数量

产品库存	
名称	数量

应收款	
剩余账期	金额

长期贷款		
剩余时间	金额	贷款时间

短期贷款		
剩余时间	金额	贷款时间

特别贷款	
金额	贷款时间

市场开拓				
名称	开拓费	周期	剩余时间	完成时间

产品研发				
名称	研发费	周期	剩余时间	完成时间

ISO认证				
名称	研发费	周期	剩余时间	完成时间

厂房信息								
ID	名称	状态	容量	购价	租金	售价	最后付租	置办时间

生产线信息										
ID	名称	厂房	产品	状态	累计折旧	开产时间	转产时间	剩余时间	建成时间	开建时间

订单列表										
订单编号	市场	产品	数量	总价	状态	得单年份	交货期	帐期	ISO	交货时间

附图 3.2　公司信息框架结构

16. 竞赛排名

完成预先规定的经营年限，将根据各队的最后分数进行评分，分数高者为优胜。

①本赛项采用系统评分和裁判罚分结合的评分方式。

②比赛结束后，系统将根据各参赛队经营状况生成各队得分，为系统得分。

③最终得分 = 系统得分 − 罚分。

17. 系统得分

$$系统得分 = 所有者权益 \times (1 + 企业综合发展潜力/100)$$

企业综合发展潜力见附表 3.9。

附表 3.9　企业综合发展潜力指标

项目	综合发展潜力系数
小厂房	+3/个
中厂房	+5/个
大厂房	+7/个
手工线	+5/条

续附表3.9

项目	综合发展潜力系数
自动线	+8/条
柔性线	+10/条
本地市场开发	+7
区域市场开发	+7
国内市场开发	+8
亚洲市场开发	+9
国际市场开发	+10
ISO 9000	+8
ISO 14000	+10
P_1产品开发	+7
P_2产品开发	+8
P_3产品开发	+9
P_4产品开发	+10
P_5产品开发	+11

提请注意：

①如有若干队分数相同，则最后一年在系统中先结束经营（而非指在系统中填制报表）者排名靠前。

②生产线建成即加分，无须生产出产品，也无须有在制品。

③加分规则最终以系统规则为准。

附录四 第6届"用友杯"全国大学生创业设计暨沙盘模拟经营大赛全国总决赛规则

一、参赛队

每支参赛队5名队员，分工如下：

（1）总经理（CEO）：负责企业经营决策、分配成员角色、协调团队沟通合作。

（2）财务总监（CFO）：负责企业资金筹措、资金运用、费用成本控制、财务核算。

（3）市场总监（CMO）：负责企业生产战略制定、编制和执行生产计划、设备更新计划等。

(4)采购总监(CPO):负责采购计划制定和执行、企业内部物流控制等。

(5)销售总监(CSO):负责企业营销战略、市场开拓规划、产品研发、广告投放策略制定等。

提请注意:

①带队老师不允许入场。

②比赛期间,所有参赛队员不得使用手机与外界联系,计算机仅限于作为系统运行平台,可以自制一些工具,但不得登录Internet与外界联系,否则取消参赛资格。

③每个代表队允许有两台计算机连接服务器。

④比赛时间以本赛区所用服务器时间为准。

⑤每赛区均35队。

二、运行方式及监督

本次大赛以"创业者"电子沙盘(以下简称系统)为主运作企业,实物沙盘只提供盘面,每年运行结束后,将年末状态用大赛组委会提供的卡片标识在实物沙盘上,供参赛队观摩分析使用。

各队应具备至少2台具有RJ45网卡的笔记本计算机(并自带接线板、纸、笔、橡皮),同时接入局域网,作为运行平台,并安装录屏软件。比赛过程中,学生端最好启动录屏文件,全程录制经营过程,建议每一年经营录制为一个独立的文件。一旦发生问题,以录屏结果为证,裁决争议。如果擅自停止录屏过程,按系统的实际运行状态执行。录屏软件请自行去相关网站下载并提前学会使用,比赛期间组委会不负责提供,也不负责指导使用。

提请注意:两台计算机同时接入,任何一台操作均是有效的,但A机器操作,B机器状态并不会自动同步更新,所以要做好队内沟通。可执行F5刷新命令随时查看实时状态。

大赛设裁判组,负责大赛中所有比赛过程的监督和争议裁决。

提请注意:自带计算机操作系统和浏览器要保持干净,无病毒,IE浏览器版本在(包括)6.0以上,同时需要安装Flash Player插件。各队至少多备一台计算机,以防万一。

三、企业运营流程

企业运营流程须按照竞赛手册和运营流程表中列示的流程严格执行。CEO按照经营记录表中指示的顺序发布执行指令,每项任务完成后,CEO须在任务后对应的方格中打钩。

每年经营结束后,各参赛队需要在系统中填制资产负债表。如果不填,则算报表错误一次并扣分,但不影响经营。此次比赛不需要交纸质报表给裁判核对。

四、竞赛规则

1. 生产线

运营中生产线情况见附表4.1。

附表4.1 生产线基本情况

生产线	购置费	安装周期	生产周期	总转产费	转产周期	维修费	残值
手工线	50W	无	2Q	0W	无	10W/年	10W
租赁线	0W	无	1Q	20W	1Q	55W/年	-55W
自动线	150W	3Q	1Q	20W	1Q	20W/年	30W
柔性线	200W	4Q	1Q	0W	无	20W/年	40W

①不论何时出售生产线,从生产线净值中取出相当于残值的部分计入现金,净值与残值之差计入损失。
②只有空的并且已经建成的生产线方可转产。
③当年建成的生产线、转产中的生产线都要交维修费。
④生产线不允许在不同厂房间移动。
⑤租赁线不需要购置费,不用安装周期,不提折旧,维修费可以理解为租金;其在出售时(可理解为退租),系统将扣55W/条的清理费用,记入损失;该类生产线不计小分。
⑥手工线不计小分。

2. 折旧(平均年限法)

运营中资产折旧情况见附表4.2。

附表4.2 资产折旧情况

生产线	购置费	残值	建成第1年	建成第2年	建成第3年	建成第4年	建成第5年
手工线	50W	10W	0	10W	10W	10W	10W
自动线	150W	30W	0	30W	30W	30W	30W
柔性线	200W	40W	0	40W	40W	40W	40W

当年建成生产线当年不提折旧,当净值等于残值时生产线不再计提折旧,但可以继续使用。

3. 融资

运营中融资情况见附表4.3。

附录

附表4.3 融资基本条件

贷款类型	贷款时间	贷款额度	年息	还款方式
长贷	每年年初	所有长贷和短贷之和不能超过上年权益的3倍	10%	年初付息,到期还本
短贷	每季度初		5%	到期一次还本付息
资金贴现	任何时间	视应收账款额确定	10%(1季度,2季度),12.5%(3季度,4季度)	变现时贴息,可对1,2季度应收联合贴现(3,4季度同理)
库存拍卖		原材料八折,成品按成本价		

4.厂房

运营中厂房使用标准见附表4.4。

附表4.4 厂房使用条件

厂房	买价	租金	售价	容量	
大厂房	440W	44W/年	440W	4条	厂房出售得到4个账期的应收款,紧急情况下可厂房贴现(4季度贴现),直接得到现金,如厂房中有生产线,同时要扣租金
中厂房	300W	30W/年	300W	3条	
小厂房	180W	18W/年	180W	2条	

每季度均可租或买,租满1年的厂房在满年的季度(如第2季度租的,则在以后各年第2季度为满年方可进行处理),需要用"厂房处理"进行"租转买""退租"(当厂房中没有任何生产线时)等处理,如果未加处理,则原来租用的厂房在满年季度末自动续租;厂房不计提折旧;生产线不允许在不同厂房间移动。

厂房使用可以任意组合,但总数不能超过4个;如租4个小厂房或买4个大厂房或租1个大厂房买3个中厂房。

5.市场准入

运营中市场要求变化不定,具体见附表4.5。

附表4.5 市场基本条件

市场	开发费	时间	
本地	10W/年	1年	开发费用按开发时间在年末平均支付,不允许加速投资,但可中断投资
区域	10W/年	1年	
国内	10W/年	2年	市场开发完成后,领取相应的市场准入证
亚洲	10W/年	3年	
国际	10W/年	4年	

无须交维护费,中途停止使用,也可继续拥有资格并在以后年份使用。

6. 资格认证

国际、国内认证标准见附表4.6。

附表4.6 ISO 认证条件

认证	ISO 9000	ISO 14000	开发费用按开发时间在年末平均支付,不允许加速投资,但可中断投资 ISO 开发完成后,领取相应的认证
时间	2 年	2 年	
费用	10W/年	15W/年	

无须交维护费,中途停止使用,也可继续拥有资格并在以后年份使用。

7. 产品

运营中生产产品的基本指标见附表4.7。

附表4.7 产品指标

名称	开发费用	开发周期	加工费	直接成本	产品组成
P_1	10W/季度	2 季度	10W/个	20W/个	R_1
P_2	10W/季度	3 季度	10W/个	30W/个	$R_2 + R_3$
P_3	10W/季度	4 季度	10W/个	40W/个	$R_1 + R_3 + R_4$
P_4	10W/季度	5 季度	10W/个	50W/个	$R_2 + R_3 + 2R_4$

8. 原料

运营中原料基本指标见附表4.8。

附表4.8 原料指标

名称	购买价格	提前期
R_1	10W/个	1 季度
R_2	10W/个	1 季度
R_3	10W/个	2 季度
R_4	10W/个	2 季度

9. 紧急采购

付款即到货,原材料价格为直接成本的2倍,成品价格为直接成本的3倍。

紧急采购原材料和产品时,直接扣除现金。上报报表时,成本仍然按照标准成本记录,紧急采购多付出的成本计入费用表损失项。

10. 选单规则

投 10W 广告有一次选单机会,每增加 20W 多一次机会,如果投小于 10W 的广告则无选单机会,但仍扣广告费,对计算市场广告额有效。

以本市场本产品广告额投放大小顺序依次选单;如果两队本市场本产品广告额相同,则看本市场广告投放总额;如果本市场广告总额也相同,则看上年本市场销售排名;如仍无法决定,先投广告者先选单。第 1 年无订单。

选单时,两个市场同时开单,各队需要同时关注两个市场的选单进展,其中 1 个市场先结束,则第 3 个市场立即开单,即任何时候会有 2 个市场同开,除非到最后只剩下 1 个市场选单未结束。如某年有本地、区域、国内、亚洲 4 个市场有选单,则系统将本地、区域同时放单,各市场按 P_1、P_2、P_3、P_4 顺序独立放单,若本地市场选单结束,则国内市场立即开单,此时区域、国内市场保持同开,紧接着区域结束选单,则亚洲市场立即放单,即国内、亚洲市场同开。选单时各队需要点击相应的"市场"按钮,一个市场选单结束,系统不会自动跳到其他市场。

提请注意:

①出现确认框要在倒计时大于 5 秒时按下"确认"按钮,否则可能造成选单无效。

②在某细分市场(如本地、P_1)有多次选单机会,只要放弃一次,则视同放弃该细分市场所有的选单机会。

③选单时各队两台计算机同时连接入网。

④本次比赛无市场老大。

⑤破产队可以参加选单。

11. 竞单会(系统一次同时放 3 张订单同时竞,并显示所有订单)

参与竞标的订单标明了订单编号、市场、产品、数量、ISO 要求等,而总价、交货期、账期 3 项为空。竞标订单的相关要求说明如下:

(1) 投标资质。

参与投标的公司需要有相应市场、ISO 认证的资质,但不必有生产资格。

中标的公司需为该单支付 10W 的标书费,计入广告费。

如果(已竞得单数 + 本次同时竞单数)×10 > 现金余额,则不能再竞。即必须有一定的现金库存作为保证金。如同时竞 3 张订单,库存现金为 54W,已经竞得 3 张订单,扣除了 30W 标书费,还剩余 24W 库存现金,则不能继续参与竞单,因为万一再竞得 3 张,24W 库存现金不足支付标书费 30W。

如果用户已经投标,之后又进行了某些活动而扣除了现金(如间谍),导致其现金不足够交招标费,则系统自动回收其所竞得的相应订单。如某队当前现金为 30W,参与了某轮竞单投标,之后进行间谍活动导致剩余现金为 29W,该队此 3 张订单均中标,则最后系统将只给予2张订单,第3张订单收回作废。如果其进行间谍活动导致库存现金只剩余9W,则3张订单均收回作废。

为防止恶意竞单,对竞得单张数进行限制,如果｛某队已竞得单张数 > ROUND(3 × 该年竞单总张数/参赛队数)｝,则不能继续竞单。

提请注意:

①ROUND 表示四舍五入。

②如上式为等于,可以继续参与竞单。

③参赛队数指经营中的队伍,若破产继续经营也算在其内,破产退出经营则不算在其内。

如某年竞单,共有40张,20队(含破产继续经营)参与竞单,当一队已经得到7张单,因为 7 > ROUND(3 × 40/20),所以不能继续竞单;但如果已经竞得6张,则可以继续参与。

(2)投标。

参与投标的公司须根据所投标的订单,在系统规定时间(90秒,以倒计时秒形式显示)填写总价、交货期、账期3项内容,确认后由系统按照:

得分 = 100 + (5 - 交货期) × 2 + 应收账期 - 8 × 总价/(该产品直接成本 * 数量)

以得分最高者中标。如果计算分数相同,则先提交者中标。

提请注意:

①总价不能低于(可以等于)成本价,也不能高于(可以等于)成本价的3倍。

②必须为竞单留足时间,如在倒计时小于等于5秒再提交,可能无效。

③竞得订单与选中订单一样,算市场销售额。

④破产队可以参与投标竞单。

12. 订单违约

订单必须在规定季度或提前交货,应收账期从交货季度开始算起。应收款收回系统自动完成,不需要各队填写收回金额。

13. 取整规则(均精确或舍到个位整数)

①违约金扣除——四舍五入。

②库存拍卖所得现金——四舍五入。

③贴现费用——向上取整。

④扣税——四舍五入。

⑤长、短贷利息——四舍五入。

14. 特殊费用项目

库存折价拍卖、生产线变卖、紧急采购、订单违约,计入其他损失;增减资计入股东资本或特别贷款(均不算所得税)。

提请注意:增资只适用于破产队。

15.重要参数

运营中涉及的各重要参数如附图4.1所示。

参数	值	单位	参数	值	单位
违约金比例	20	%	贷款额倍数	3	倍
产品折价率	100	%	原料折价率	80	%
长贷利率	10	%	短贷利率	5	%
1,2期贴现率	10	%	3,4期贴现率	12.5	%
初始现金	600	W	管理费	10	W
信息费	1	W	所得税率	25	%
最大长贷年限	5	年	最小得单广告额	10	W
原料紧急采购倍数	2	倍	产品紧急采购倍数	3	倍
选单时间	40	秒	首位选单补时	25	秒
市场同开数量	2		市场老大	无	
竞拍时间	90	秒	竞拍同拍数	3	

附图4.1 重要参数指标

提请注意:

①每个市场每种产品选单时第1队选单时间为65秒,自第2队起,选单时间设为40秒。

②初始资金为600W。

③信息费1W/次/队,即交1W可以查看一队企业信息,交费企业以Excel表格形式获得被间谍企业的详细信息。

16.竞赛排名

完成预先规定的经营年限,将根据各队的最后分数进行评分,分数高者为优胜。

总成绩 = 所有者权益 × (1 + 企业综合发展潜力/100) − 罚分

企业综合发展潜力见附表4.9。

附表4.9 综合指标

项目	综合发展潜力系数
自动线	+8/条
柔性线	+10/条
本地市场开发	+7

续附表 4.9

项目	综合发展潜力系数
区域市场开发	+7
国内市场开发	+8
亚洲市场开发	+9
国际市场开发	+10
ISO 9000	+8
ISO 14000	+10
P_1 产品开发	+7
P_2 产品开发	+8
P_3 产品开发	+9
P_4 产品开发	+10

提请注意：

①如有若干队分数相同，则最后一年在系统中先结束经营（而非指在系统中填制报表）者排名靠前。

②生产线建成即加分，无须生产出产品也无须有在制品。手工线、租赁线、厂房无加分。

17. 罚分规则

（1）运行超时扣分。

运行超时有两种情况：一是指不能在规定时间内完成广告投放（可提前投广告）；二是指不能在规定时间内完成当年经营（以点击系统中"当年结束"按钮并确认为准）。

处罚：按总分 20 分/分钟（不满 1 分钟算 1 分钟）计算罚分，最多不能超过 10 分钟。如果到 10 分钟后还不能完成相应的运行，将取消其参赛资格。

提请注意：投放广告时间、完成经营时间及提交报表时间系统均会记录，作为扣分依据。

（2）报表错误扣分。

必须按规定时间在系统中填制资产负债表，如果上交的报表与系统自动生成的报表对照有误，在总得分中扣罚 50 分/次，并以系统提供的报表为准修订。

注意：对上交报表时间会做规定，延误交报表即视为错误一次，即使后来在系统中填制正确也要扣分。由运营超时引发延误交报表视同报表错误并扣分。

（3）摆盘错误一次扣 100 分，需要如实回答巡盘者提问，也不能拒绝巡盘者看计算机屏幕并查看其中任何信息（巡盘者不可操作他队计算机，只能要求查看信息）。巡盘时各队至少留一人。

（4）其他违规扣分。

在运行过程中下列情况属于违规：

①对裁判正确的判罚不服从。
②在比赛期间擅自到其他赛场走动。
③指导教师擅自进入比赛现场。
④其他严重影响比赛正常进行的活动。
如有以上行为者,视情节轻重,扣除该队 200~500 分。

18. 破产处理

当参赛队权益为负(指当年结束系统生成资产负债表时为负)或现金断流时(权益和现金可以为零),企业破产。

参赛队破产后,由裁判视情况适当增资后继续经营。破产队不参加有效排名。

为了确保破产队不过多影响比赛的正常进行,限制破产队每年用于广告投放和竞单现金总和不能超过 100W。投放广告前如果现金超过 100W,裁判将扣除其现金至 100W,竞单结束后归还。

19. 操作要点

①生产线转产、下一批生产、出售生产线均在相应生产线上直接操作。
②应收款收回由系统自动完成,不需要各队填写收回金额。
③只显示可以操作的运行图标。
④选单时必须注意各市场状态(正在选单、选单结束、无订单),选单时各队需要点击相应的"市场"按钮,一个市场选单结束,系统不会自动跳到其他市场。界面如附图 4.2 所示。

附图 4.2 国际市场订单界面

20. 系统整体操作界面

系统整体操作界面如附图4.3所示。

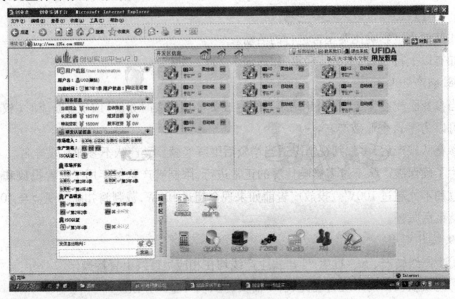

附图4.3 系统整体操作界面

21. 关于摆盘

本次大赛过程中不再使用物理沙盘(除盘面外),每年年末,将状态摆放在盘面上供其他参赛队观盘、分析使用。

摆盘时使用组委会提供的各种卡片。

提请注意:

如果需要物理沙盘辅助请参赛队自行携带。

详细厂房布置情况如附图4.4所示。

①厂房和生产线:

取厂房卡片,如租则在标"¥"处放上租金,买则放上买入价格金额。生产线卡片放置于相应生产线位置(在建背面朝上,投资金额放到生产线上);在产则将产品标识放置于相应的生产周期。

②产品资格、市场资格、ISO资格摆放:未开发完成,请将投资金额放置于相应位置;开发完成,领取相应资格证。

③所有费用、现金、应收及长短贷均用对应金额的卡片放盘面对应位置。

④原料订单、原料库存、产品库存用相应数量原料与产品卡片放相应位置处。

提请注意:卡片如需要填写均用黑色碳素笔。

22. 网络设置、服务器地址及登录注意事项

一队分配两个IP,根据所分配的队号设置。如:队号为U01,则IP为192.168.0.101

和192.168.0.201,以此类推。在本地连接中设置,如附图4.5所示(考虑操作系统区别,IP设置略有不同,各队应提前学会如何设置IP,比赛时不负责指导)。

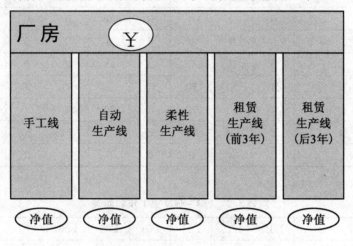

附图4.4 厂房生产线界面

附图4.5 本地连接界面

子网掩码、网关、DNS可不设。

服务器地址统一为:192.168.1.8

登录账号为:U01、U02等(大写U),初始密码统一为:1,登录后务必修改密码。登录注册时只允许一台计算机操作,注册成功后另一台计算机再登录。

附录五　2010年国赛本科A区经营数据

2010年国赛本科A区经营数据详见附表5.1至附表5.25。

附表5.1　U01~U09第1年综合费用表

用户名	U01	U02	U03	U04	U05	U06	U07	U08	U09
管理费	40	40	40	40	40	40	40	40	40
广告费	0	0	0	0	0	0	0	0	0
维护费	0	0	0	0	0	0	0	0	0

续附表 5.1

用户名	U01	U02	U03	U04	U05	U06	U07	U08	U09
损失	0	0	0	0	0	0	0	0	0
转产费	0	0	0	0	0	0	0	0	0
租金	0	0	0	0	45	45	0	0	0
市场开拓费	50	50	50	50	50	50	50	50	50
产品研发费	70	90	70	70	70	80	70	110	70
ISO 认证费	30	30	30	30	30	30	30	30	30
信息费	0	0	0	0	0	0	0	0	0

附表 5.2　U01～U09 第 1 年利润表

用户名	U01	U02	U03	U04	U05	U06	U07	U08	U09
销售收入	0	0	0	0	0	0	0	0	0
直接成本	0	0	0	0	0	0	0	0	0
毛利	0	0	0	0	0	0	0	0	0
综合费用	190	210	190	190	235	245	190	230	190
折旧前利润	-190	-210	-190	-190	-235	-245	-190	-230	-190
折旧	0	0	0	0	0	0	0	0	0
支付利息前利润	-190	-210	-190	-190	-235	-245	-190	-230	-190
财务费用	0	0	0	0	0	0	0	0	0
税前利润	-190	-210	-190	-190	-235	-245	-190	-230	-190
所得税	0	0	0	0	0	0	0	0	0
年度净利润	-190	-210	-190	-190	-235	-245	-190	-230	-190

附表 5.3　U01～U09 第 1 年资产负债表

用户名	U01	U02	U03	U04	U05	U06	U07	U08	U09
类型	系统	系统	系统	系统	系统	系统	系统	系统	系统
现金	410	390	2 210	410	114	164	410	370	410
应收款	0	0	0	0	0	0	0	0	0
在制品	0	0	0	0	0	0	0	0	0
产成品	0	0	0	0	0	0	0	0	0
原料	0	0	0	0	0	0	0	0	0

续附表 5.3

用户名	U01	U02	U03	U04	U05	U06	U07	U08	U09
流动资产合计	410	390	2210	410	114	164	410	370	410
厂房	0	0	0	0	0	0	0	0	0
机器设备	0	0	0	0	0	0	0	0	0
在建工程	0	0	0	0	600	400	0	0	0
固定资产合计	0	0	0	0	600	400	0	0	0
资产总计	410	390	2 210	410	714	564	410	370	410
长贷	0	0	1 800	0	0	0	0	0	0
短贷	0	0	0	0	349	209	0	0	0
特别贷款	0	0	0	0	0	0	0	0	0
所得税	0	0	0	0	0	0	0	0	0
负债合计	0	0	1 800	0	349	209	0	0	0
股东资本	600	600	600	600	600	600	600	600	600
利润留存	0	0	0	0	0	0	0	0	0
年度净利	-190	-210	-190	-190	-235	-245	-190	-230	-190
所有者权益合计	410	390	410	410	365	355	410	370	410
负债和所有者权益总计	410	390	2 210	410	714	564	410	370	410

附表 5.4 U10~U18 第 1 年综合费用表

用户名	U10	U11	U12	U13	U14	U15	U16	U17	U18
管理费	40	40	40	40	40	40	40	40	40
广告费	0	0	0	0	0	0	0	0	0
维护费	0	0	0	0	0	0	0	0	0
损失	0	0	0	0	0	0	0	0	0
转产费	0	0	0	0	0	0	0	0	0
租金	0	0	0	0	0	0	0	0	0
市场开拓费	50	50	50	50	50	50	50	50	50
产品研发费	110	110	70	80	110	70	80	110	110
ISO 认证费	30	30	30	30	30	30	30	30	30
信息费	0	0	0	0	0	0	0	0	0

附表 5.5　U10～U18 第 1 年利润表

用户名	U10	U11	U12	U13	U14	U15	U16	U17	U18
销售收入	0	0	0	0	0	0	0	0	0
直接成本	0	0	0	0	0	0	0	0	0
毛利	0	0	0	0	0	0	0	0	0
综合费用	230	230	190	200	230	190	200	230	230
折旧前利润	−230	−230	−190	−200	−230	−190	−200	−230	−230
折旧	0	0	0	0	0	0	0	0	0
支付利息前利润	−230	−230	−190	−200	−230	−190	−200	−230	−230
财务费用	0	0	0	0	0	0	0	0	0
税前利润	−230	−230	−190	−200	−230	−190	−200	−230	−230
所得税	0	0	0	0	0	0	0	0	0
年度净利润	−230	−230	−190	−200	−230	−190	−200	−230	−230

附表 5.6　U10～U18 第 1 年资产负债表

用户名	U10	U11	U12	U13	U14	U15	U16	U17	U18
类型	系统	系统	系统	系统	系统	系统	系统	系统	系统
现金	370	370	410	400	370	410	400	370	370
应收款	0	0	0	0	0	0	0	0	0
在制品	0	0	0	0	0	0	0	0	0
产成品	0	0	0	0	0	0	0	0	0
原料	0	0	0	0	0	0	0	0	0
流动资产合计	370	370	410	400	370	410	400	370	370
厂房	0	0	0	0	0	0	0	0	0
机器设备	0	0	0	0	0	0	0	0	0
在建工程	0	0	0	0	0	0	0	0	0
固定资产合计	0	0	0	0	0	0	0	0	0
资产总计	370	370	410	400	370	410	400	370	370
长贷	0	0	0	0	0	0	0	0	0
短贷	0	0	0	0	0	0	0	0	0
特别贷款	0	0	0	0	0	0	0	0	0
所得税	0	0	0	0	0	0	0	0	0
负债合计	0	0	0	0	0	0	0	0	0
股东资本	600	600	600	600	600	600	600	600	600

续附表 5.6

用户名	U10	U11	U12	U13	U14	U15	U16	U17	U18
利润留存	0	0	0	0	0	0	0	0	0
年度净利	-230	-230	-190	-200	-230	-190	-200	-230	-230
所有者权益合计	370	370	410	400	370	410	400	370	370
负债和所有者权益总计	370	370	410	400	370	410	400	370	370

附表 5.7 U19~U27 第 1 年综合费用表

用户名	U19	U20	U21	U22	U23	U24	U25	U26	U27
管理费	40	40	40	40	40	40	40	40	40
广告费	0	0	0	0	0	0	0	0	0
维护费	0	0	0	0	0	0	0	0	0
损失	0	0	0	0	0	0	0	0	0
转产费	0	0	0	0	0	0	0	0	0
租金	0	0	0	45	45	0	0	0	0
市场开拓费	50	50	50	50	50	50	30	50	50
产品研发费	110	70	130	40	110	110	30	70	100
ISO 认证费	30	30	30	30	30	30	30	30	30
信息费	0	0	0	0	25	0	0	0	0

附表 5.8 U19~U27 第 1 年利润表

用户名	U19	U20	U21	U22	U23	U24	U25	U26	U27
销售收入	0	0	0	0	0	0	0	0	0
直接成本	0	0	0	0	0	0	0	0	0
毛利	0	0	0	0	0	0	0	0	0
综合费用	230	190	250	205	300	230	130	190	220
折旧前利润	-230	-190	-250	-205	-300	-230	-130	-190	-220
折旧	0	0	0	0	0	0	0	0	0
支付利息前利润	-230	-190	-250	-205	-300	-230	-130	-190	-220
财务费用	0	0	0	0	0	0	0	0	0
税前利润	-230	-190	-250	-205	-300	-230	-130	-190	-220
所得税	0	0	0	0	0	0	0	0	0
年度净利润	-230	-190	-250	-205	-300	-230	-130	-190	-220

附表 5.9 U19～U27 第 1 年资产负债表

用户名	U19	U20	U21	U22	U23	U24	U25	U26	U27
类型	系统	系统	系统	系统	系统	系统	系统	系统	系统
现金	370	410	350	272	1 650	370	470	410	380
应收款	0	0	0	0	0	0	0	0	0
在制品	0	0	0	0	0	0	0	0	0
产成品	0	0	0	0	0	0	0	0	0
原料	0	0	0	0	0	0	0	0	0
流动资产合计	370	410	350	272	1 650	370	470	410	380
厂房	0	0	0	0	0	0	0	0	0
机器设备	0	0	0	0	0	0	0	0	0
在建工程	0	0	0	750	450	0	0	0	0
固定资产合计	0	0	0	750	450	0	0	0	0
资产总计	370	410	350	1 022	2 100	370	470	410	380
长贷	0	0	0	0	1 800	0	0	0	0
短贷	0	0	0	627	0	0	0	0	0
特别贷款	0	0	0	0	0	0	0	0	0
所得税	0	0	0	0	0	0	0	0	0
负债合计	0	0	0	627	1 800	0	0	0	0
股东资本	600	600	600	600	600	600	600	600	600
利润留存	0	0	0	0	0	0	0	0	0
年度净利	-230	-190	-250	-205	-300	-230	-130	-190	-220
所有者权益合计	370	410	350	395	300	370	470	410	380
负债和所有者权益总计	370	410	350	1 022	2 100	370	470	410	380

附表 5.10 U28～U35 第 1 年综合费用表

用户名	U28	U29	U30	U31	U32	U33	U34	U35
管理费	40	40	40	40	40	40	40	40
广告费	0	0	0	0	0	0	0	0
维护费	0	0	0	0	0	0	0	0
损失	0	0	0	0	0	0	0	0
转产费	0	0	0	0	0	0	0	0
租金	0	0	0	0	45	0	40	45

续附表 5.10

用户名	U28	U29	U30	U31	U32	U33	U34	U35
市场开拓费	50	50	50	50	40	50	50	50
产品研发费	110	70	110	70	90	110	40	30
ISO 认证费	30	30	30	30	30	30	30	30
信息费	0	0	0	0	0	0	34	0

附表 5.11　U28～U35 第 1 年利润表

用户名	U28	U29	U30	U31	U32	U33	U34	U35
销售收入	0	0	0	0	0	0	0	0
直接成本	0	0	0	0	0	0	0	0
毛利	0	0	0	0	0	0	0	0
综合费用	230	190	230	190	245	230	234	195
折旧前利润	-230	-190	-230	-190	-245	-230	-234	-195
折旧	0	0	0	0	0	0	0	0
支付利息前利润	-230	-190	-230	-190	-245	-230	-234	-195
财务费用	0	0	0	0	0	0	0	0
税前利润	-230	-190	-230	-190	-245	-230	-234	-195

附表 5.12　U28～U35 第 1 年资产负债表

用户名	U28	U29	U30	U31	U32	U33	U34	U35
年度净利润	-230	-190	-230	-190	-245	-230	-234	-195
用户名	U28	U29	U30	U31	U32	U33	U34	U35
类型	系统	系统	系统	系统	系统	系统	系统	系统
现金	370	410	370	410	155	370	175	164
应收款	0	0	0	0	0	0	0	0
在制品	0	0	0	0	0	0	0	0
产成品	0	0	0	0	0	0	0	0
原料	0	0	0	0	0	0	0	0
流动资产合计	370	410	370	410	155	370	175	164
厂房	0	0	0	0	0	0	0	0
机器设备	0	0	0	0	0	0	0	0

续附表 5.12

用户名	U28	U29	U30	U31	U32	U33	U34	U35
在建工程	0	0	0	0	200	0	400	750
固定资产合计	0	0	0	0	200	0	400	750
资产总计	370	410	370	410	355	370	575	914
长贷	0	0	0	0	0	0	0	0
短贷	0	0	0	0	0	0	209	509
特别贷款	0	0	0	0	0	0	0	0
所得税	0	0	0	0	0	0	0	0
负债合计	0	0	0	0	0	0	209	509
股东资本	600	600	600	600	600	600	600	600
利润留存	0	0	0	0	0	0	0	0
年度净利	-230	-190	-230	-190	-245	-230	-234	-195
所有者权益合计	370	410	370	410	355	370	366	405
负债和所有者权益总计	370	410	370	410	355	370	575	914

附表 5.13 U01~U09 第 2 年综合费用表

用户名	U01	U02	U03	U04	U05	U06	U07	U08	U09
管理费	40	40	40	40	40	40	40	40	40
广告费	290	217	150	218	106	130	350	280	250
维护费	550	880	495	440	115	150	550	550	495
损失	0	180	0	0	0	0	0	0	0
转产费	0	0	0	0	0	0	0	0	0
租金	90	180	90	78	45	45	90	90	90
市场开拓费	30	30	30	30	30	30	30	30	30
产品研发费	10	10	10	10	0	10	10	10	10
ISO 认证费	30	30	30	30	30	30	30	30	30
信息费	0	0	0	0	0	0	0	0	0

附表 5.14 U01~U09 第 2 年利润表

用户名	U01	U02	U03	U04	U05	U06	U07	U08	U09
销售收入	1 768	2 643	1 075	1 503	580	642	2 145	1 984	1 819
直接成本	780	1 080	450	620	270	280	910	860	780

续附表 5.14

用户名	U01	U02	U03	U04	U05	U06	U07	U08	U09
毛利	988	1 563	625	883	310	362	1 235	1 124	1 039
综合费用	1 040	1567	845	866	376	425	1 100	1 030	945
折旧前利润	−52	−4	−220	17	−66	−63	135	94	94
折旧	0	0	0	0	0	0	0	0	0
支付利息前利润	−52	−4	−220	17	−66	−63	135	94	94
财务费用	53	119	180	10	17	10	18	95	0
税前利润	−105	−123	−400	7	−83	−73	117	−1	94
所得税	0	0	0	0	0	0	0	0	0
年度净利润	−105	−123	−400	7	−83	−73	117	−1	94

附表 5.15　U01～U09 第 2 年资产负债表

用户名	U01	U02	U03	U04	U05	U06	U07	U08	U09
类型	系统	系统	系统	系统	系统	系统	系统	系统	系统
现金	1	10	589	0	167	185	101	1	78
应收款	934	1 057	411	1 027	320	370	1 246	838	1 206
在制品	420	280	390	280	120	160	380	370	370
产成品	180	30	420	220	150	200	30	150	80
原料	0	60	0	120	20	30	0	120	0
流动资产合计	1 535	1 437	1 810	1 647	777	945	1 757	1 479	1 734
厂房	0	0	0	0	0	0	0	0	0
机器设备	0	0	0	0	600	400	0	0	0
在建工程	0	0	0	0	0	0	0	0	0
固定资产合计	0	0	0	0	600	400	0	0	0
资产总计	1 535	1 437	1 810	1 647	1 377	1 345	1 757	1 479	1 734
长贷	500	400	1 800	1 230	450	854	0	612	0
短贷	730	770	0	0	645	209	1 230	498	1230
特别贷款	0	0	0	0	0	0	0	0	0
所得税	0	0	0	0	0	0	0	0	0
负债合计	1 230	1 170	1 800	1 230	1 095	1 063	1 230	1 110	1 230
股东资本	600	600	600	600	600	600	600	600	600
利润留存	−190	−210	−190	−190	−235	−245	−190	−230	−190

续附表 5.15

用户名	U01	U02	U03	U04	U05	U06	U07	U08	U09
年度净利	−105	−123	−400	7	−83	−73	117	−1	94
所有者权益合计	305	267	10	417	282	282	527	369	504
负债和所有者权益总计	1 535	1 437	1 810	1 647	1 377	1 345	1 757	1 479	1 734

附表 5.16 U10~U18 第 2 年综合费用表

用户名	U10	U11	U12	U13	U14	U15	U17	U18
管理费	40	40	40	40	40	40	40	40
广告费	245	270	341	251	273	146	256	287
维护费	550	440	440	440	440	275	550	495
损失	80	0	0	0	0	0	0	0
转产费	0	0	0	0	0	0	0	0
租金	90	90	90	78	78	45	90	85
市场开拓费	30	30	30	30	30	30	30	30
产品研发费	30	10	10	20	10	50	10	10
ISO 认证费	30	30	30	30	30	30	30	30
信息费	0	0	0	0	0	0	0	0

附表 5.17 U10~U18 第 2 年利润表

用户名	U10	U11	U12	U13	U14	U15	U17	U18
销售收入	2 071	1 758	1 863	1 494	1 287	1 044	1 881	1 734
直接成本	870	760	760	650	560	450	840	750
毛利	1 201	998	1 103	844	727	594	1 041	984
综合费用	1 095	910	981	889	901	616	1 006	977
折旧前利润	106	88	122	−45	−174	−22	35	7
折旧	0	0	0	0	0	0	0	0
支付利息前利润	106	88	122	−45	−174	−22	35	7
财务费用	57	0	0	4	1	0	75	62
税前利润	49	88	122	−49	−175	−22	−40	−55
所得税	0	0	0	0	0	0	0	0
年度净利润	49	88	122	−49	−175	−22	−40	−55

附表 5.18　U10～U18 第 2 年资产负债表

用户名	U10	U11	U12	U13	U14	U15	U17	U18
类型	系统	系统	系统	系统	系统	系统	系统	系统
现金	1	41	502	2	0	703	8	7
应收款	958	1 117	940	1 075	695	675	832	848
在制品	400	330	320	280	330	210	410	380
产成品	170	80	0	190	280	30	190	190
原料	0	0	0	0	0	0	0	0
流动资产合计	1 529	1 568	1 762	1 547	1 305	1 618	1 440	1 425
厂房	0	0	0	0	0	0	0	0
机器设备	0	0	0	0	0	0	0	0
在建工程	0	0	0	0	0	0	0	0
固定资产合计	0	0	0	0	0	0	0	0
资产总计	1 529	1 568	1 762	1 547	1 305	1 618	1 440	1 425
长贷	1 110	74	604	0	454	700	0	1 110
短贷	0	1 036	626	1196	656	530	1 110	0
特别贷款	0	0	0	0	0	0	0	0
所得税	0	0	0	0	0	0	0	0
负债合计	1 110	1 110	1 230	1 196	1 110	1 230	1 110	1 110
股东资本	600	600	600	600	600	600	600	600
利润留存	−230	−230	−190	−200	−230	−190	−230	−230
年度净利	49	88	122	−49	−175	−22	−40	−55
所有者权益合计	419	458	532	351	195	388	330	315
负债和所有者权益总计	1 529	1 568	1 762	1 547	1 305	1 618	1 440	1 425

附表 5.19　U19～U27 第 2 年综合费用表

用户名	U19	U20	U21	U22	U23	U24	U25	U26	U27
管理费	40	40	40	40	40	40	40	40	40
广告费	206	270	236	146	270	230	240	288	272
维护费	495	495	605	100	555	440	330	660	385
损失	0	0	91	0	60	0	0	0	0
转产费	0	0	0	0	0	0	0	0	0
租金	85	90	135	45	123	85	66	123	78

续附表 5.19

用户名	U19	U20	U21	U22	U23	U24	U25	U26	U27
市场开拓费	30	30	30	30	30	30	20	30	30
产品研发费	10	30	10	0	10	10	0	10	10
ISO 认证费	30	30	30	30	30	30	30	30	30
信息费	0	0	0	0	0	0	0	0	0

附表 5.20 U19～U27 第 2 年利润表

用户名	U19	U20	U21	U22	U23	U24	U25	U26	U27
销售收入	1 480	1 911	1 673	835	2 092	1 665	1 288	2 171	1 058
直接成本	670	820	670	360	890	700	540	940	440
毛利	810	1 091	1 003	475	1 202	965	748	1 231	618
综合费用	896	985	1 177	391	1 118	865	726	1 181	845
折旧前利润	-86	106	-174	84	84	100	22	50	-227
折旧	0	0	0	0	0	0	0	0	0
支付利息前利润	-86	106	-174	84	84	100	22	50	-227
财务费用	52	16	75	56	211	69	0	85	0
税前利润	-138	90	-249	28	-127	31	22	-35	-227
所得税	0	0	0	0	0	0	0	0	0
年度净利润	-138	90	-249	28	-127	31	22	-35	-227

附表 5.21 U19～U27 第 2 年资产负债表

用户名	U19	U20	U21	U22	U23	U24	U25	U26	U27
类型	系统	系统	系统	系统	系统	系统	系统	系统	系统
现金	8	6	30	279	141	402	584	6	68
应收款	694	1 284	531	139	712	669	544	979	755
在制品	390	390	340	200	320	310	180	480	220
产成品	250	50	250	240	350	130	0	140	240
原料	0	0	0	0	0	0	160	0	10
流动资产合计	1 342	1 730	1 151	858	1 523	1 511	1 468	1 605	1 293
厂房	0	0	0	0	0	0	0	0	0
机器设备	0	0	0	750	450	0	0	0	0
在建工程	0	0	0	0	0	0	0	0	0

续附表 5.21

用户名	U19	U20	U21	U22	U23	U24	U25	U26	U27
固定资产合计	0	0	0	750	450	0	0	0	0
资产总计	1 342	1 730	1 151	1 608	1 973	1 511	1 468	1 605	1 293
长贷	1 110	14	403	304	1 800	1 110	0	1 230	1 140
短贷	0	1 216	647	881	0	0	976	0	0
特别贷款	0	0	0	0	0	0	0	0	0
所得税	0	0	0	0	0	0	0	0	0
负债合计	1 110	1 230	1 050	1 185	1 800	1 110	976	1 230	1 140
股东资本	600	600	600	600	600	600	600	600	600
利润留存	-230	-190	-250	-205	-300	-230	-130	-190	-220
年度净利	-138	90	-249	28	-127	31	22	-35	-227
所有者权益合计	232	500	101	423	173	401	492	375	153
负债和所有者权益总计	1 342	1 730	1 151	1 608	1 973	1 511	1 468	1 605	1 293

附表 5.22 U28～U35 第 2 年综合费用表

用户名	U28	U29	U30	U31	U32	U33	U34	U35
管理费	40	40	40	40	40	40	40	40
广告费	320	271	366	307	69	264	86	150
维护费	550	495	440	495	150	440	80	100
损失	60	0	110	0	0	100	96	0
转产费	0	0	100	0	0	0	0	0
租金	90	90	90	90	45	90	40	45
市场开拓费	30	30	30	30	20	30	20	30
产品研发费	10	10	10	10	10	20	10	20
ISO 认证费	30	30	30	30	30	30	30	30
信息费	0	0	0	0	0	0	0	0

附表 5.23 U28～U35 第 2 年利润表

用户名	U28	U29	U30	U31	U32	U33	U34	U35
销售收入	2 169	1 847	2 079	1 893	552	1 731	796	965
直接成本	930	800	880	780	240	720	350	390
毛利	1 239	1 047	1 199	1 113	312	1 011	446	575

续附表 5.23

用户名	U28	U29	U30	U31	U32	U33	U34	U35
综合费用	1 130	966	1 216	1 002	364	1 014	402	415
折旧前利润	109	81	-17	111	-52	-3	44	160
折旧	0	0	0	0	0	0	0	0
支付利息前利润	109	81	-17	111	-52	-3	44	160
财务费用	47	0	50	4	0	50	13	82
税前利润	62	81	-67	107	-52	-53	31	78
所得税	0	0	0	0	0	0	0	0
年度净利润	62	81	-67	107	-52	-53	31	78

附表 5.24 U28~U35 第 2 年资产负债表

用户名	U28	U29	U30	U31	U32	U33	U34	U35
类型	系统	系统	系统	系统	系统	系统	系统	系统
现金	4	22	74	304	668	252	159	229
应收款	998	1 269	889	993	0	672	484	509
在制品	410	370	370	370	250	290	200	150
产成品	130	60	80	80	150	150	50	60
原料	0	0	0	0	0	60	0	0
流动资产合计	1 542	1 721	1 413	1 747	1 068	1 424	893	948
厂房	0	0	0	0	0	0	0	0
机器设备	0	0	0	0	300	0	600	750
在建工程	0	0	0	0	0	0	0	0
固定资产合计	0	0	0	0	300	0	600	750
资产总计	1 542	1 721	1 413	1 747	1 368	1 424	1 493	1 698
长贷	0	603	710	0	864	600	0	0
短贷	1 110	627	400	1 230	201	507	1 096	1 215
特别贷款	0	0	0	0	0	0	0	0
所得税	0	0	0	0	0	0	0	0
负债合计	1 110	1 230	1 110	1 230	1 065	1 107	1 096	1 215
股东资本	600	600	600	600	600	600	600	600
利润留存	-230	-190	-230	-190	-245	-230	-234	-195
年度净利	62	81	-67	107	-52	-53	31	78
所有者权益合计	432	491	303	517	303	317	397	483
负债和所有者权益总计	1 542	1 721	1 413	1 747	1 368	1 424	1 493	1 698

附表5.25 广告投放情况

	P_1					P_2					P_3					P_4				
	本地	区域	国内	亚洲	国际	本地	区域	国内	亚洲	国际	本地	区域	国内	亚洲	国际	本地	区域	国内	亚洲	国际
U01	0	0	0	0	0	77	44	0	0	0	0	0	0	0	0	77	92	0	0	0
U02	30	50	0	0	0	32	41	0	0	0	0	0	0	0	0	32	32	0	0	0
U03	0	0	0	0	0	37	43	0	0	0	0	0	0	0	0	57	13	0	0	0
U04	0	0	0	0	0	42	51	0	0	0	63	62	0	0	0	0	0	0	0	0
U05	0	0	0	0	0	50	20	0	0	0	0	0	0	0	0	18	18	0	0	0
U06	0	0	0	0	0	0	0	0	0	0	56	33	0	0	0	24	17	0	0	0
U07	0	0	0	0	0	97	83	0	0	0	0	0	0	0	0	96	74	0	0	0
U08	0	0	0	0	0	82	44	0	0	0	106	14	0	0	0	21	13	0	0	0
U09	0	0	0	0	0	51	55	0	0	0	0	0	0	0	0	110	34	0	0	0
U10	0	0	0	0	0	16	46	0	0	0	56	34	0	0	0	57	36	0	0	0
U11	0	0	0	0	0	68	32	0	0	0	66	34	0	0	0	40	30	0	0	0
U12	0	0	0	0	0	73	73	0	0	0	0	0	0	0	0	100	95	0	0	0
U13	0	0	0	0	0	99	21	0	0	0	84	47	0	0	0	0	0	0	0	0
U14	0	0	0	0	0	46	33	0	0	0	51	28	0	0	0	76	39	0	0	0
U15	0	0	0	0	0	41	42	0	0	0	0	0	0	0	0	41	22	0	0	0
U16	0	0	0	0	0	0	0	0	0	0	108	47	0	0	0	116	68	0	0	0
U17	0	0	0	0	0	42	34	0	0	0	11	67	0	0	0	67	35	0	0	0
U18	0	0	0	0	0	69	42	0	0	0	81	13	0	0	0	71	11	0	0	0
U19	0	0	0	0	0	53	42	0	0	0	21	15	0	0	0	32	43	0	0	0
U20	0	0	0	0	0	42	68	0	0	0	0	0	0	0	0	122	38	0	0	0
U21	30	30	0	0	0	10	0	0	0	0	59	59	0	0	0	38	10	0	0	0
U22	0	0	0	0	0	0	0	0	0	0	73	73	0	0	0	0	0	0	0	0
U23	0	0	0	0	0	50	50	0	0	0	50	30	0	0	0	50	40	0	0	0
U24	0	0	0	0	0	33	54	0	0	0	53	43	0	0	0	24	23	0	0	0
U25	0	0	0	0	0	130	110	0	0	0	0	0	0	0	0	0	0	0	0	0
U26	0	0	0	0	0	53	57	0	0	0	0	0	0	0	0	93	85	0	0	0
U27	0	0	0	0	0	0	0	0	0	0	61	0	0	0	0	131	70	0	0	0
U28	0	0	0	0	0	70	50	0	0	0	60	60	0	0	0	40	40	0	0	0
U29	0	0	0	0	0	107	36	0	0	0	0	0	0	0	0	116	12	0	0	0

续附表5.25

	P₁					P₂					P₃					P₄				
	本地	区域	国内	亚洲	国际	本地	区域	国内	亚洲	国际	本地	区域	国内	亚洲	国际	本地	区域	国内	亚洲	国际
U30	0	0	0	0	0	69	39	0	0	0	79	59	0	0	0	81	39	0	0	0
U31	0	0	0	0	0	49	75	0	0	0	0	0	0	0	0	104	79	0	0	0
U32	0	0	0	0	0	23	0	0	0	0	0	0	0	0	0	36	10	0	0	0
U33	0	0	0	0	0	57	71	0	0	0	59	31	0	0	0	31	15	0	0	0
U34	0	0	0	0	0	0	0	0	0	0	0	0	0	0	0	71	15	0	0	0
U35	0	0	0	0	0	79	71	0	0	0	0	0	0	0	0	0	0	0	0	0

附录六 2015年黑龙江省本科组沙盘大赛规则

一、参赛队员分工

每支参赛队有5名队员,分别担任如下职务:总经理(CEO)、财务总监(CFO)、生产总监(CPO)、营销总监(CWO)、采购总监(CLO)。

二、运行方式及监督

本次大赛采用"商战"电子模拟运行系统(以下简称"系统"),运行中的销售竞单在电子模拟运行系统中进行,各队在本队运行地参加市场订货会,交易活动,包括贷款、原材料入库、交货、应收账款贴现及回收,均在本地计算机上完成选单。

各参赛队应具备至少两台具有有线网卡的笔记本计算机(并自带接线板、纸、笔、橡皮),同时接入局域网,作为运行平台,并安装录屏软件。比赛过程中,学生端最好启动录屏文件,全程录制经营过程,建议每一年经营录制为一个独立的文件。一旦发生问题,以录屏结果为证,裁决争议。如果擅自停止录屏过程,按系统的实际运行状态执行。

提请注意:两台计算机同时接入,任何一台操作均是有效的,但A机器操作,B机器状态并不会自动同步更新,所以要做好队内沟通。可执行F5刷新命令随时查看实时状态。

提请注意:自带计算机操作系统和浏览器要保持干净,无病毒,IE浏览器版本在(包括)6.0以上,同时需要安装Flash Player插件。各队至少多备一台计算机,以防万一。

三、企业运营流程

每年经营结束后,各参赛队需要在系统中填写资产负债表。如果不填,则按报表错误扣分,但不影响经营。此次比赛不需要交纸质报表给裁判核对。

四、竞赛规则

1.融资

经营过程中融资条件详见附表6.1。

附表6.1 融资基本条件

贷款类型	贷款时间	贷款额度	年利息	还款方式
长贷	每年年初	所有长、短贷之和不能超过上年权益的3倍	10%	年初付息,到期还本
短贷	每季度初		5%	到期一次还本付息
资金贴现	任何时间	视应收账款额确定	10%(1季度,2季度),12.5%(3季度,4季度)	变现时贴息,可对1,2季度应收联合贴现(3,4季度同理)
库存拍卖		原材料八折,成品按成本价		

规则说明:

(1)长贷和短贷的信用额度。

长贷和短贷的总额度(包括已借但未到还款期的贷款)为上年权益总计的3倍,长贷、短贷必须为大于等于10W的整数申请。例:第1年所有者权益为358,第1年已借5年期长贷506W(且未申请短贷),则第2年可贷款总额度为:$(358 \times 3 - 506)W = 568W$。

(2)贷款规则。

①长贷每年必须支付利息,到期归还本金。长贷最多可贷5年。

②结束年时,不要求归还没有到期的各类贷款。

③短贷年限为1年,如果某一季度有短贷需要归还,且同时还拥有贷款额度时,必须先归还到期的短贷,才能申请新的短贷。

④所有的贷款不允许提前还款。

⑤企业间不允许私自融资,只允许企业向银行贷款,银行不提供高利贷。

⑥贷款利息计算时四舍五入。例:短贷210W,则利息为:$(210 \times 5\%)W = 10.5W$,四舍五入,实际支付利息为11W。

⑦长贷利息是根据长贷的贷款总额乘以利率计算。例:第1年申请504W长贷,第2年申请204W长贷,则第3年所需要支付的长贷利息 $= [(504 + 204) \times 10\%]W = 70.8W$,四舍五入,实际支付利息为71W。

(3)出售库存规则。

①原材料打八折出售。例:出售1个原材料获得$(10 \times 0.8)W = 8W$。

②出售产成品按产品的成本价计算。例:出售1个P_2获得$(1 \times 30)W = 30W$。

2. 厂房

经营过程中厂房使用状况见附表6.2。

附表6.2 厂房使用情况

厂房	买价	租金	售价	容量
大厂房	400W	40W/年	400W	4条
中厂房	300W	30W/年	300W	3条
小厂房	180W	18W/年	180W	2条

规则说明：

①租用或购买厂房可以在任何季度进行。如果决定租用厂房或者厂房买转租，租金在开始租用的季度交付，即从现金处取等量钱币，放在租金费用处。一年租期到期时，如果决定续租，需重复以上动作。

②厂房租入后，一年后可作租转买、退租等处理（例：第1年第1季度租厂房，则以后每一年的第1季度末"厂房处理"均可"租转买"），如果到期没有选择"租转买"，系统自动做续租处理，租金在"当季度结束"时和"行政管理费"一并扣除。

③要新建或租赁生产线，必须购买或租用厂房，没有租用或购买厂房不能新建或租赁生产线。

④如果厂房中没有生产线，可以选择厂房退租。

⑤厂房出售得到4个账期的应收款，紧急情况下可进行厂房贴现（4季度贴现），直接得到现金，如厂房中有生产线，同时要扣租金。

⑥厂房使用可以任意组合，但总数不能超过4个；如租4个小厂房或买4个大厂房或租1个大厂房买3个中厂房。

3. 生产线

经营中生产线使用情况见附表6.3。

附表6.3 生产线基本情况表

生产线	购置费	安装周期	生产周期	总转产费	转产周期	维修费	残值
超级手工线	35W	无	2Q	0W	无	5W/年	5W
租赁线	0W	无	1Q	20W	1Q	70W/年	−80W

续附表 6.3

生产线	购置费	安装周期	生产周期	总转产费	转产周期	维修费	残值
自动线	150W	3Q	1Q	20W	1Q	20W/年	30W
柔性线	200W	4Q	1Q	0W	无	20W/年	40W

(1)在"系统"中新建生产线,需先选择厂房,然后选择生产线的类型,特别要确定生产产品的类型;生产产品一经确定,本生产线所生产的产品便不能更换,如需更换,须在建成后,进行转产处理。

(2)每次操作可建一条生产线,同一季度可重复操作多次,直至生产线位置全部铺满。自动线和柔性线待最后一期投资到位后,必须到下一季度才算安装完成,允许投入使用。超级手工线和租赁线当季度购入(或租入)当季度即可使用。

(3)新建生产线一经确认,即刻进入第1期在建,当季度便自动扣除现金。

(4)不论何时出售生产线,从生产线净值中取出相当于残值的部分计入现金,净值与残值之差计入损失。

(5)只有空的并且已经建成的生产线方可转产。

(6)当年建成的生产线、转产中生产线都要交维修费;凡已出售的生产线(包括退租的租赁线)和新购正在安装的生产线不交纳维护费。

(7)生产线不允许在不同厂房移动。

(8)租赁线不需要购置费,不用安装周期,不提折旧,维修费可以理解为租金;其在出售时(可理解为退租),系统将扣80W/条的清理费用,记入损失;该类生产线不计小分。

(9)超级手工线不计小分。

经营中资产折旧情况见附表6.4。

附表 6.4 折旧情况表

生产线	购置费	残值	建成第1年	建成第2年	建成第3年	建成第4年	建成第5年
超级手工线	35W	5W	0	10W	10W	10W	0
自动线	150W	30W	0	30W	30W	30W	30W
柔性线	200W	40W	0	40W	40W	40W	40W

当年建成生产线当年不提折旧,当净值等于残值时生产线不再计提折旧,但可以继续使用。

4. 产品研发

要想生产某种产品,先要获得该产品的生产许可证。而要获得生产许可证,则必须经过产品研发。P_1、P_2、P_3、P_4、P_5产品都需要研发后才能获得生产许可。研发需要分期投入研发费用。投资规则见附表6.5。

附表6.5 投资规则

名称	开发费用	开发总额	开发周期	加工费	直接成本	产品组成
P_1	10W/季度	20W	2季度	10W	30W/个	$R_1 + R_4$
P_2	10W/季度	30W	3季度	10W	30W/个	$R_2 + R_3$
P_3	10W/季度	40W	4季度	10W	40W/个	$R_1 + R_3 + R_4$
P_4	10W/季度	50W	5季度	10W	50W/个	$R_1 + R_3$
P_5	10W/季度	60W	6季度	10W	60W/个	$R_2 + R_2 + R_4$

产品研发可以中断或终止,但不允许超前或集中投入。已投资的研发费不能回收。如果开发没有完成,"系统"不允许开工生产。

5. ISO 资格认证

国际认证标准见附表6.6。

附表6.6 ISO 认证标准

ISO 类型	每年研发费用	年限	全部研发费用
ISO 9000	10W/年	2年	20W
ISO 14000	10W/年	3年	30W

6. 市场开拓

经营中市场状况见附表6.7。

附表6.7 市场基本条件

市场	每年开拓费	开拓年限	全部开拓费用
本地	10W/年	1年	10W
区域	10W/年	1年	10W
国内	10W/年	2年	20W
亚洲	10W/年	3年	30W
国际	10W/年	4年	40W

开发费用按开发时间在年末平均支付,不允许加速投资。

7. 原料

经营中原料状况见附表6.8。

附表6.8 原料基本条件

名称	购买价格	提前期
R_1	10W/个	1季度
R_2	10W/个	1季度
R_3	10W/个	2季度
R_4	10W/个	2季度

（1）没有下订单的原材料不能采购入库。

（2）所有预订的原材料到期必须全额现金购买。

（3）紧急采购时，原料是直接成本的2倍，即20W/个，在利润表中，直接成本仍然按照标准成本记录，紧急采购多付出的成本计入综合费用表中的"损失"。

8. 选单规则

在一个回合中，每投放10W广告费，理论上将获得一次选单机会，此后每增加20W，理论上多一次选单机会。如：本地 P_1 投入30W表示最多有2次选单机会，但是能否选到2次取决于市场需求及竞争态势。如果投小于10W的广告则无选单机会，但仍扣广告费，对计算市场广告额有效。广告投放可以是非10倍数，如11W，12W，且投12W比投11W或10W优先选单。

投放广告，只有裁判宣布的最晚时间，没有最早时间。即你在系统里当年经营结束后即可马上投下一年的广告。

本次比赛无市场老大，以本市场本产品广告投放大小顺序依次选单；如果两队本市场本产品广告额相同，则看本市场广告投放总额；如果本市场广告总额也相同，则看上年本市场销售排名；如仍无法决定，先投广告者先选单。第1年无订单。

选单时，两个市场同时开单，各队需要同时关注两个市场的选单进展，其中一个市场先结束，则第3个市场立即开单，即任何时候会有两个市场同开，除非到最后只剩下一个市场选单未结束。如某年有本地、区域、国内、亚洲4个市场有选单，则系统将本地、区域同时放单，各市场按 P_1、P_2、P_3、P_4、P_5 顺序独立放单，若本地市场选单结束，则国内市场立即开单，此时区域、国内市场保持同开，紧接着区域结束选单，则亚洲市场立即放单，即国内、亚洲市场同开。选单时各队需要点击相应的市场按钮（如"国内"），某一个市场选单结束，系统不会自动跳到其他市场，如附图6.1所示。

提请注意：

①出现确认框要在倒计时大于5秒时按下"确认"按钮，否则可能造成选单无效。

②在某细分市场(如本地 P_1)有多次选单机会,只要放弃一次,则视同放弃该细分市场所有的选单机会。

③选单时各队两台计算机同时连接入网。

④本次比赛无市场老大。

选单界面如附图 6.2 和附图 6.3 所示。

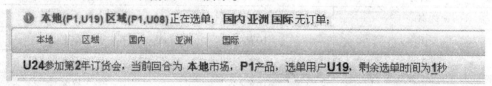

附图 6.1　市场订单

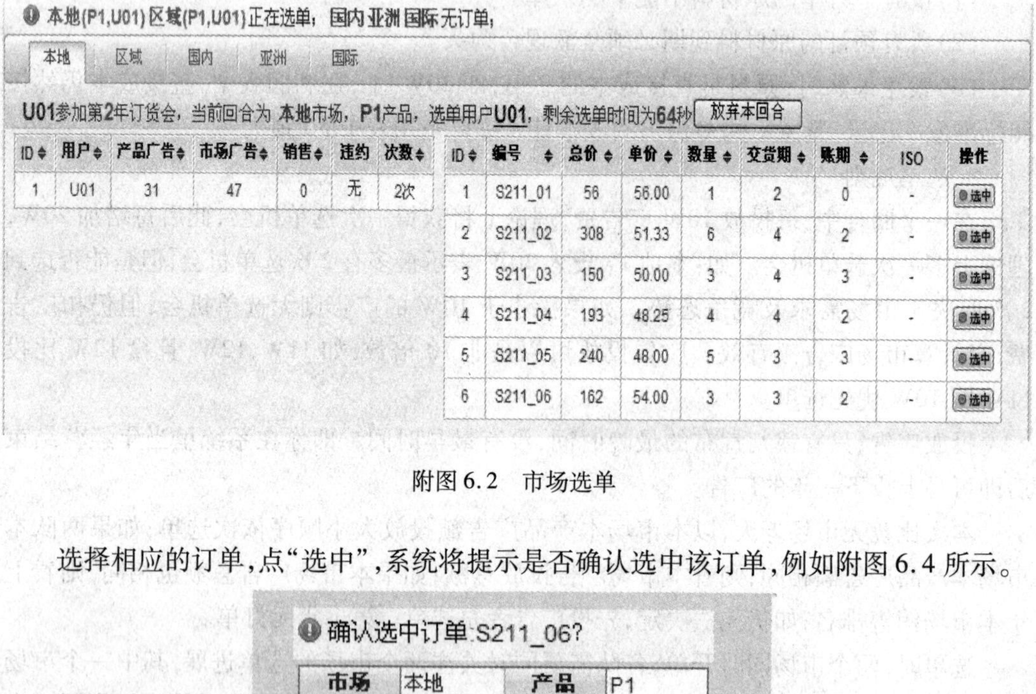

ID	用户	产品广告	市场广告	销售	违约	次数
1	U01	31	47	0	无	2次

ID	编号	总价	单价	数量	交货期	账期	ISO	操作
1	S211_01	56	56.00	1	2	0	-	选中
2	S211_02	308	51.33	6	4	2	-	选中
3	S211_03	150	50.00	3	4	3	-	选中
4	S211_04	193	48.25	4	4	2	-	选中
5	S211_05	240	48.00	5	3	3	-	选中
6	S211_06	162	54.00	3	3	2	-	选中

附图 6.2　市场选单

选择相应的订单,点"选中",系统将提示是否确认选中该订单,例如附图 6.4 所示。

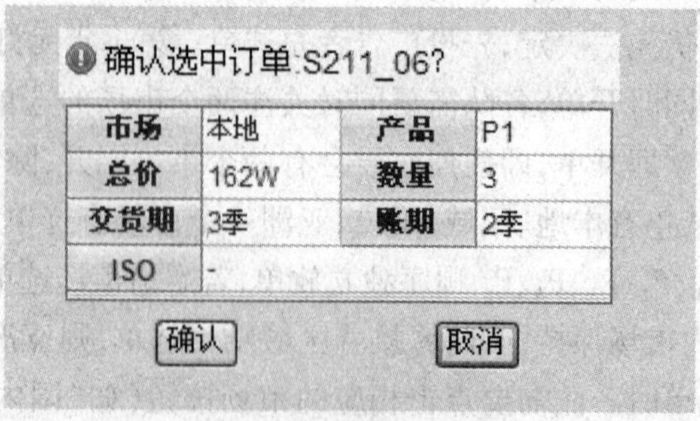

市场	本地	产品	P1
总价	162W	数量	3
交货期	3季	账期	2季
ISO	-		

附图 6.3　确认订单

点击"确认"按钮(注:出现确认框要在倒计时大于 5 秒时按下"确认"按钮,否则可能造成选单无效),系统会提示成功获得订单,如附图6.4所示。

附图6.4 订单成功

9.竞单会(在第3年和第6年订货会后,召开竞单会。系统一次同时放3张订单同时竞拍,具体竞拍订单的信息将和市场预测图一起下发)

参与竞标的订单标明了订单编号、市场、产品、数量、ISO要求等,而总价、交货期、账期3项为空。竞标订单的相关要求说明如下:

(1)投标资质。

参与投标的公司需要有相应市场、ISO认证的资质,但不必有生产资格。

中标的公司需为该单支付10W标书费,计入广告费。

如果(已竞得单数+本次同时竞单数)×10>现金余额,则不能再竞。即必须有一定的现金库存作为保证金。如同时竞3张订单,库存现金为54W,已经竞得3张订单,扣除了30W标书费,还剩余24W库存现金,则不能继续参与竞单,因为万一再竞得3张,24W库存现金不足支付标书费30W。

为防止恶意竞单,对竞得单张数进行限制,如果{某队已竞得单张数>ROUND(3×该年竞单总张数/参赛队数)},则不能继续竞单。

提请注意:

①ROUND表示四舍五入。

②如上式为等于,可以继续参与竞单。

③参赛队数指经营中的队伍,破产退出经营则不算在其内。

如某年竞单,共有40张,20队参与竞单,当一队已经得到7张单,因为7>ROUND(3×40/20),所以不能继续竞单;但如果已经竞得6张,则可以继续参与。

(2)投标。

参与投标的公司须根据所投标的订单,在系统规定时间(90秒,以倒计时秒形式显示)填写总价、交货期、账期3项内容,确认后由系统按照:

得分=100+(5-交货期)×2+应收账期-8×总价/(该产品直接成本×数量)

以得分最高者中标。如果计算分数相同,则先提交者中标。

提请注意:

①总价不能低于(可以等于)成本价,也不能高于(可以等于)成本价的3倍。

②必须为竞单留足时间,如在倒计时小于等于5秒再提交,可能无效。

③竞得订单与选中订单一样,算市场销售额。

10. 订单违约

订单必须在规定季度或提前交货,应收账期从交货季度开始算起。应收款收回系统自动完成,不需要各队填写收回金额。

11. 取整规则(均精确或舍到个位整数)

违约金扣除——四舍五入。

库存拍卖所得现金——四舍五入。

贴现费用——向上取整。

扣税——四舍五入。

长、短贷利息——四舍五入。

12. 关于违约问题

所有订单要求在本年度内完成(按订单上的产品数量和交货期交货)。如果订单没有完成,则视为违约订单,按下列条款加以处罚:

(1)分别按违约订单销售总额的20%(四舍五入)计算违约金,并在当年第4季度结束后扣除,违约金记入"损失"。例:某组违约了以下两张订单,如附图6.5所示。

订单编号	市场	产品	数量	总价	状态	得单年份	交货期	账期	ISO	交货期
180016	日本地	P2	2	146W	违约	第2年	3季	0季	-	-
180011	日本地	P1	1	60W	已交	第2年	2季	1季	-	第2年1季
180006	日本地	P1	3	162W	违约	第2年	3季	2季	-	-

附图6.5 违约界面

则缴纳的违约金分别为:$146 \times 20\% = 29.2W \approx 29W$;$162 \times 20\% = 32.4W \approx 32W$

合计为 $29 + 32 = 61W$

(2)违约订单一律收回。

13. 重要参数

如附图6.6所示。

提请注意:

①每个市场每种产品选单时第1个队选单时间为70秒,自第2队起,选单时间设为50秒。

②初始资金为600W。

③信息费1W/次/队,即交1W可以查看一队企业信息,交费企业以Excel表格形式获得被间谍企业的详细信息。竞拍会时无法使用间谍。

④注意本次比赛无市场老大。

附图6.6 重要参数指标界面

违约金比例	20	%	贷款额倍数	3	倍
产品折价率	100	%	原料折价率	80	%
长贷利率	10	%	短贷利率	5	%
1,2期贴现率	10	%	3,4期贴现率	12.5	%
初始现金	600	W	管理费	10	W
信息费	1	W	所得税率	25	%
最大长贷年限	5	年	最小得单广告额	10	W
原料紧急采购倍数	2	倍	产品紧急采购倍数	3	倍
选单时间	50	秒	首位选单补时	20	秒
市场同开数量	2		市场老大	○有 ●无	
竞拍时间	90	秒	竞拍同拍数	3	

14. 竞赛排名

6年经营结束后,将根据各队的总成绩进行排名,分数高者排名在前。

总成绩 = 所有者权益 × (1 + 企业综合发展潜力/100) − 罚分

企业综合发展潜力详见附表6.9。

附表6.9 企业综合指标

项目	综合发展潜力系数
自动线	+8/条
柔性线	+10/条
本地市场开发	+7
区域市场开发	+7
国内市场开发	+8
亚洲市场开发	+9
国际市场开发	+10
ISO 9000	+8
ISO 14000	+10
P_1产品开发	+7
P_2产品开发	+8

续附表6.9

项目	综合发展潜力系数
P_3产品开发	+9
P_4产品开发	+10
P_5产品开发	+11
大厂房	+10
中厂房	+8
小厂房	+7

提请注意:

①如有若干队分数相同,则参照各队第6年经营结束后的最终权益,权益高者排名在前;若权益仍相等,则参照第6年经营结束时间,先结束第6年经营的队伍排名在前。

②生产线建成即加分,无须生产出产品,也无须有在制品。超级手工线、租赁线无加分。

15. 罚分细则

(1)运行超时扣分。

运行超时有两种情况:一是指不能在规定时间内完成广告投放(可提前投广告);二是指不能在规定时间内完成当年经营(以点击系统中"当年结束"按钮并确认为准)。

处罚:按总分50分/分钟(不满1分钟按1分钟计算)计算罚分,最多不能超过10分钟。如果到10分钟后还不能完成相应的运行,将取消其参赛资格。

注意:投放广告时间、完成经营时间及提交报表时间系统均会记录,作为扣分依据。

(2)报表错误扣分。

必须按规定时间在系统中填制资产负债表,如果上交的报表与系统自动生成的报表对照有误,在总得分中扣罚200分/次,并以系统提供的报表为准修订。

注意:对上交报表时间会做规定,延误交报表即视为错误一次,即使后来在系统中填制正确也要扣分。由运营超时引发延误交报表视同报表错误并扣分,即如果某队超时4分钟,将被扣除$(50 \times 4 + 200)$分$= 400$分。

(4)其他违规扣分。

在运行过程中下列情况属违规:

①对裁判正确的判罚不服从。

②其他严重影响比赛正常进行的活动。

如有以上行为者,视情节轻重,在第6年经营结束后扣除该队总得分的500~2 000分。

(5)所有罚分在第6年经营结束后计算总成绩时一起扣除。

16. 破产处理

当参赛队权益为负(指当年结束系统生成生成资产负债表时为负)或现金断流时(权益和现金可以为零),企业破产。

参赛队破产后,直接退出比赛。

17. 操作要点

(1)生产线转产、出售生产线、开始下一批生产均在相应生产线上直接操作,如附图6.7所示。

附图6.7 综合界面

(2)应收款收回由系统自动完成,不需要各队填写收回金额,如附图6.8所示。

附图6.8 收现界面

(3)操作区只显示当前可以操作的运行图标,如附图6.9所示。

附图6.9 操作区运行图标

注:"继续转产"按钮本次不用,无须点击!

(4)每年经营结束后"填写报表"(只需填写资产负债表),如附图6.10和附图6.11所示。

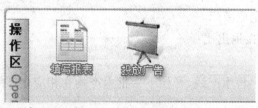

附图6.10 经营结束界面

资产负债表			
现金	955 W	长期贷款	1000 W
应收款	0 W	短期贷款	800 W
在制品	180 W	特别贷款	0 W
产成品	0 W	应交所得税	0 W
原材料	0 W	-	
流动资产合计	1135 W	负债合计	1800 W
厂房	0 W	股东资本	600 W
生产线	270 W	利润留存	0 W
在建工程	600 W	年度净利	-395 W
固定资产合计	870 W	所有者权益合计	205 W
资产总计	2005 W	负债和所有者权益总计	2005 W
提交报表			

附图6.11 资产负债表

如果填写正确,系统无提示,若填写错误,系统会提示:

您:(系统)填写报表与系统生成的报表不一致!

(5)选单时必须注意各市场状态(正在选单、选单结束、无订单),选单时各队需要点击相应市场按钮,某一个市场选单结束,系统不会自动跳到其他市场。界面如附图6.12所示。

(6)企业运营状况查询(在操作界面左边,可查询财务信息、研发认证信息、库存采购信息等),如附图6.13所示。

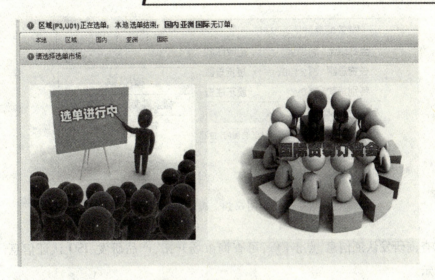

附图 6.12　选单结束界面

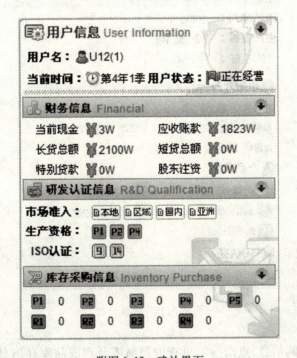

附图 6.13　确认界面

①查询财务信息,鼠标指向"应收账款",系统将自动显示应收账款金额及账期,"长贷总额""短贷总额"也一样,如附图 6.14 所示。

附图6.14 确认界面

②查询研发认证信息,点击 ,可查询市场开拓、产品研发、ISO 认证信息,如附图6.15所示。

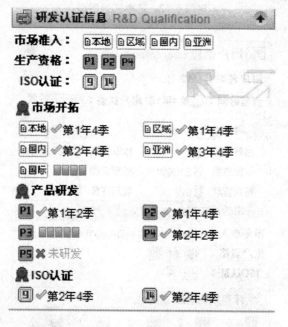

附图6.15 确认界面

③查询库存采购信息,点击 ,可查询原料库及产成品库存信息,还可查询原料预订情况,如附图6.16所示。

(7)间谍(查看1家企业需要花费1W,企业信息将以 Excel 表格形式下载),如附图6.17所示。

可查询到的信息包括:库存信息、银行贷款、研发认证、厂房与生产线等,如附图6.18和附图6.19所示。

附 录

附图 6.16　库存界面确认

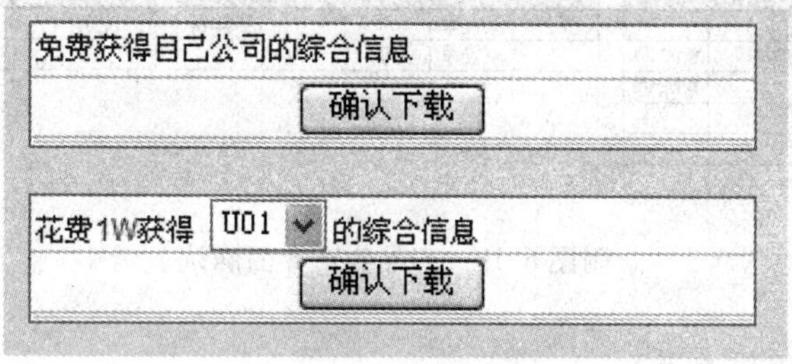

附图 6.17　下载界面确认

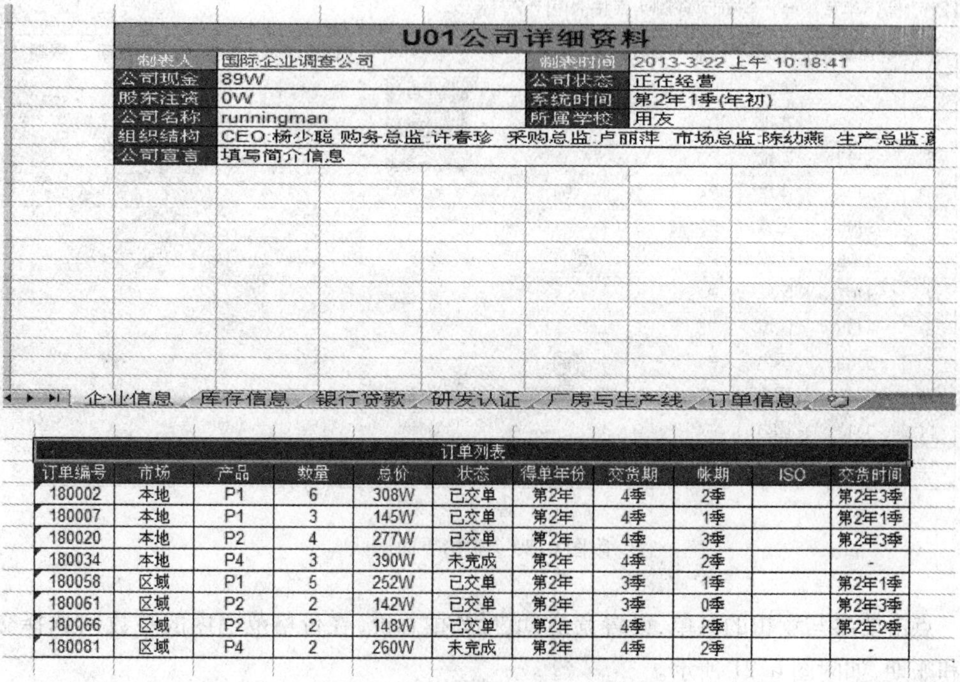

订单编号	市场	产品	数量	总价	状态	得单年份	交货期	帐期	ISO	交货时间
180002	本地	P1	6	308W	已交单	第2年	4季	2季		第2年3季
180007	本地	P1	3	145W	已交单	第2年	4季	1季		第2年1季
180020	本地	P2	4	277W	已交单	第2年	4季	3季		第2年3季
180034	本地	P4	3	390W	未完成	第2年	4季	2季		-
180058	区域	P1	5	252W	已交单	第2年	3季	1季		第2年1季
180061	区域	P2	2	142W	已交单	第2年	3季	0季		
180066	区域	P2	2	148W	已交单	第2年	4季	2季		第2年2季
180081	区域	P4	2	260W	未完成	第2年	4季	2季		-

附图 6.18　订单列表界面确认

厂房信息

ID	名称	状态	容量	购价	租金	售价	最后付租	置办时间
3	大厂房	租用	1/4	400W	40W/年	400W	第1年1季	第1年1季

生产线信息

ID	名称	厂房	产品	状态	累计折旧	开产时间	转产时间	剩余	建成时间	开建时间
26	自动线	大厂房(3)	P2	在建	0W	-	-	0季	-	第1年2季
39	自动线	大厂房(3)	P2	在建	0W	-	-	0季	-	第1年2季
43	柔性线	大厂房(3)	P2	在建	0W	-	-	1季	-	第1年2季

市场开拓

名称	开拓费	周期	剩余时间	完成时间
国际	10W/年	4年	3	-
本地	10W/年	1年	-	第1年4季
区域	10W/年	1年	-	第1年4季
国内	10W/年	2年	1	-
亚洲	10W/年	3年	2	-

产品研发

名称	研发费	周期	剩余时间	完成时间
P2	10W/季	4季	-	第1年4季
P5	15W/季	5季	1	-

ISO认证

名称	研发费	周期	剩余时间	完成时间
ISO14000	20W/年	2年	1	-
ISO9000	10W/年	2年	1	-

附图6.19 产品生产界面确认

(8)竞拍界面(仅供参考)。

竞拍界面确认如附图6.20所示。

U12参加第3年竞拍会,当前回合剩余竞拍时间为77秒

ID	订单编号	市场	产品	数量	ISO	状态	得单用户	总金额	交货期	账期
1	3J01	本地	P1	2	-	设置竞价	-	-	-	-
2	3J02	本地	P2	2	-	设置竞价	-	-	-	-
3	3J03	本地	P3	3	-	设置竞价	-	-	-	-
4	3J04	本地	P4	1	9	等待	-	-	-	-
5	3J05	区域	P2	3	-	等待	-	-	-	-
6	3J06	区域	P3	4	9 14	等待	-	-	-	-
7	3J07	区域	P4	4	-	等待	-	-	-	-
8	3J08	区域	P5	2	-	等待	-	-	-	-
9	3J09	国内	P1	6	14	等待	-	-	-	-
10	3J10	国内	P2	2	9	等待	-	-	-	-
11	3J11	国内	P4	2	-	等待	-	-	-	-
12	3J12	国内	P5	3	9 14	等待	-	-	-	-

附图6.20 竞拍界面确认

点击要参与竞拍的订单,设置竞价,填写竞拍总价(在价格范围内的整数),选择交货期和账期,如附图6.21所示。

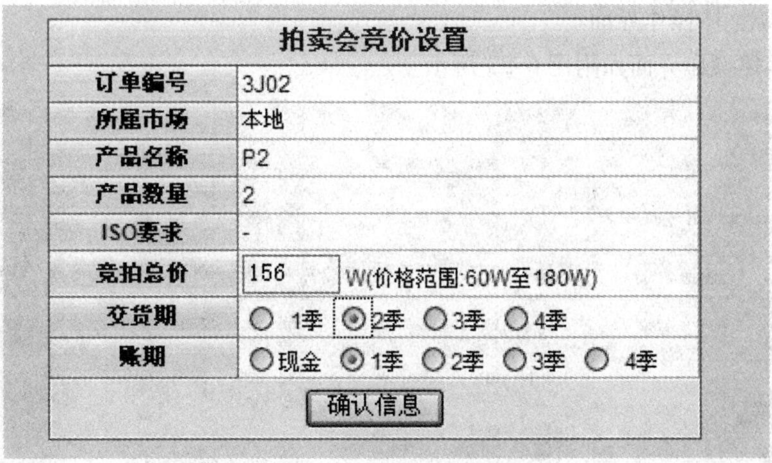

附　录

```
           拍卖会竞价设置
  订单编号   3J02
  所属市场   本地
  产品名称   P2
  产品数量   2
  ISO要求    -
  竞拍总价   [156]  W(价格范围:60W至180W)
  交货期    ○1季 ⦿2季 ○3季 ○4季
  账期      ○现金 ⦿1季 ○2季 ○3季 ○4季
           [确认信息]
```

附图 6.21　拍卖会界面

竞拍结果界面如附图 6.22 所示。

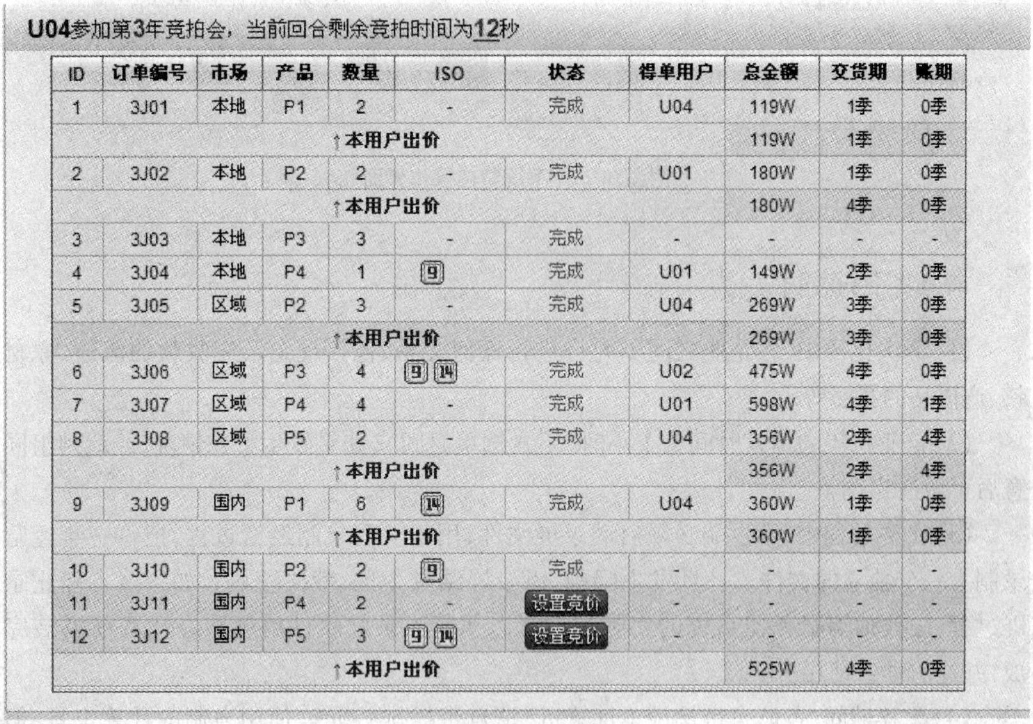

U04 参加第 3 年竞拍会，当前回合剩余竞拍时间为 12 秒

ID	订单编号	市场	产品	数量	ISO	状态	得单用户	总金额	交货期	账期
1	3J01	本地	P1	2	-	完成	U04	119W	1季	0季
			↑本用户出价					119W	1季	0季
2	3J02	本地	P2	2	-	完成	U01	180W	1季	0季
			↑本用户出价					180W	4季	0季
3	3J03	本地	P3	3		完成	-	-	-	-
4	3J04	本地	P4	1	[9]	完成	U01	149W	2季	0季
5	3J05	区域	P2	3		完成	U04	269W	3季	0季
			↑本用户出价					269W	3季	0季
6	3J06	区域	P3	4	[9][14]	完成	U02	475W	4季	0季
7	3J07	区域	P4	4		完成	U01	598W	4季	1季
8	3J08	区域	P5	2		完成	U04	356W	2季	4季
			↑本用户出价					356W	2季	4季
9	3J09	国内	P1	6	[14]	完成	U04	360W	1季	0季
			↑本用户出价					360W	1季	0季
10	3J10	国内	P2	2	[9]	完成	-	-	-	-
11	3J11	国内	P4	2		设置竞价	-	-	-	-
12	3J12	国内	P5	3	[9][14]	设置竞价	-	-	-	-
			↑本用户出价					525W	4季	0季

附图 6.22　竞拍结果界面

159

18. 系统整体操作界面

系统整体操作界面如附图 6.23 所示。

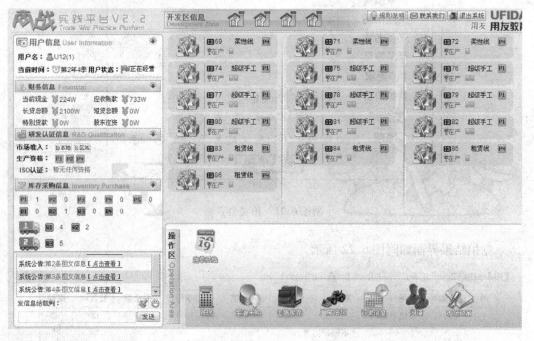

附图 6.23　系统整体操作界面

四、其他说明

(1) 本次比赛中,各企业之间不允许进行任何交易,包括现金及应收款的流通、原材料、产成品的买卖等。

(2) 企业每年的运营时间为 1 小时(不含选单时间),如果发生特殊情况,经裁判组同意后可做适当调整。

(3) 比赛过程中,学生端必须启动录屏文件,用于全程录制经营过程,把每一年经营录制为一个独立的文件。一旦发生问题,以录屏结果为证,裁决争议。如果擅自停止录屏过程,按教师端服务器系统的实际运行状态执行。录屏软件由各队在比赛前安装完成,并提前学会使用。

(4) 比赛期间,各队自带笔记本计算机(请自带插排),允许使用自制的计算工具,但每组笔记本均不允许连入外网,违者直接取消比赛资格。

(5) 每一年投放广告结束后,将给各组 3~5 分钟的时间观看各组广告单;每一年经营结束后,裁判将公布各队综合费用表、利润表和资产负债表。

(6) 每一年经营结束后,将有 10 分钟寻盘时间,寻盘期间各队至少要留一名选手在组位,否则后果自负。看盘期间各队必须保证盘面真实有效(包括贷款、原料订单、当年所有费用、生产线标识、库存产品及原料、厂房、现金、应收账款、生产线净值、产品生产资格、市场准入、ISO认证等)。

附录七 经营所需表格

企业生产运营中所需表格详见附表7.1至附表7.45。

附表7.1 起始年经营记录表

用户

操作顺序	企业经营流程(每执行完一项操作,CEO请在相应的方格内打钩)			
	手工操作流程	系统操作		手工记录
年初	新年度规划会议			
	广告投放	输入广告费确认		
	参加订货会选订单/登记订单	选单		
	支付应付税	系统自动		
	支付长贷利息	系统自动		
	更新长贷/长贷还款	系统自动		
	申请长贷	输入贷款数额并确认		
1	季度初盘点(请填余额)	产品下线,生产线完工(自动)		
2	更新短贷/短贷还本付息	系统自动		
3	申请短贷	输入贷款数额并确认		
4	原材料入库/更新原料订单	需要确认金额		
5	下原料订单	输入并确认		
6	购买/租用——厂房	选择并确认,自动扣现金		
7	更新生产/完工入库	系统自动		
8	新建/在建/转产/变卖——生产线	选择并确认		
9	紧急采购(随时进行)	随时进行输入并确认		
10	开始下一批生产	选择并确认		
11	更新应收款/应收款收现	需要输入到期金额		

续附表 7.1

	手工操作流程	系统操作	手工记录		
12	按订单交货	选择交货确认订单			
13	产品研发投资	选择并确认			
14	厂房——出售(买转租)/退租/租转买	选择确认,自动转应收款			
15	新市场开拓/ISO 资格投资	仅第 4 季度允许操作			
16	支付管理费/更新厂房租金	系统自动			
17	出售库存	输入并确认(随时进行)			
18	厂房贴现	随时进行			
19	应收款贴现	输入并确认(随时进行)			
20	季度末收入合计				
21	季度末支出合计				
22	季度末数额对账 (1 项+20 项-21 项)				
年末	缴纳违约订单罚款	系统自动			
	支付设备维护费	系统自动			
	计提折旧	系统自动			
	新市场/ISO 资格换证	系统自动			
	结账				

附表 7.2 第 1 年经营记录表

用户

操作顺序	请按顺序执行下列各项操作。各总监在方格中填写原材料采购/在制品/产品出库及入库情况。其中:入库数量为"+",出库数量为"-"。季度末入库合计为"+"数据相加,季度末出库合计为"-"数据相加。

年初	新年度规划会议	
	参加订货会/登记销售订单	
	制订新年度计划	
	支付应付税	
	支付长贷利息	
	更新长贷/长贷还款	
	申请长贷	

续附表7.2

	原材料/在制品/产品库存台账	1季度	2季度	3季度	4季度
1	季度初盘点(请填数量)				
2	更新短贷/短贷还本付息				
3	申请短贷				
4	原材料入库/更新原料订单				
5	下原料订单				
6	购买/租用——厂房				
7	更新生产/完工入库				
8	新建/在建/转产/变卖——生产线				
9	紧急采购原料(随时进行)				
10	开始下一批生产				
11	更新应收款/应收款收现				
12	按订单交货				
13	产品研发投资				
14	厂房——出售(买转租)/退租/租转买				
15	新市场开拓/ISO资格投资				
16	支付管理费/更新厂房租金				
17	出售库存				
18	厂房贴现				
19	应收款贴现				
20	季度末收入合计				
21	季度末支出合计				
22	季度末数额对账(1项+20项-21项)				
年末	缴纳违约订单罚款				
	支付设备维护费				
	计提折旧				
	新市场/ISO资格换证				
	结账				

附表7.3　第1年经营订单登记表

订单号									合计
市场									
产品									
数量									
账期									
销售额									
成本									
毛利									
未售									

附表7.4　第1年产品核算统计表

单位：百万元

	P_1	P_2	P_3	P_4	合计
数量					
销售额					
成本					
毛利					

附表7.5　第1年综合管理费用明细表

项目	金额	备注
管理费		
广告费		
设备维护费		
损失		
租金		
转产费		
市场准入开拓		□本地　　□区域　　□国内　　□亚洲　　□国际
ISO资格认证		□ISO 9000　　　　□ISO 14000
产品研发		P_1(　) 　P_2(　) 　P_3(　) 　P_4(　)
信息费		
合计		

附表 7.6　第 1 年利润表

项目	上年数	本年数
销售收入		
直接成本		
毛利		
综合费用		
折旧前利润		
折旧		
支付利息前利润		
财务费用		
税前利润		
所得税		
净利润		

附表 7.7　第 1 年资产负债表

项目	期初数	期末数	项目	期初数	期末数
现金			长期负债		
应收款			短期负债		
在制品			应交所得税		
产成品			—		—
原材料			—		—
流动资产合计			负债合计		
厂房			股东资本		
生产线			利润留存		
在建工程			年度净利		
固定资产合计			所有者权益合计		
资产总计			负债和所有者权益总计		

附表7.8　第2年经营记录表

用户操作顺序		请按顺序执行下列各项操作。各总监在方格中填写原材料采购/在制品/产品出库及入库情况。其中：入库数量为"+"，出库数量为"－"。季度末入库合计为"+"数据相加，季度末出库合计为"－"数据相加。				
年初		新年度规划会议				
		参加订货会/登记销售订单				
		制订新年度计划				
		支付应付税				
		支付长贷利息				
		更新长贷/长贷还款				
		申请长贷				
		原材料/在制品/产品库存台账	1季度	2季度	3季度	4季度
1		季度初盘点（请填数量）				
2		更新短贷/短贷还本付息				
3		申请短贷				
4		原材料入库/更新原料订单				
5		下原料订单				
6		购买/租用——厂房				
7		更新生产/完工入库				
8		新建/在建/转产/变卖——生产线				
9		紧急采购原料（随时进行）				
10		开始下一批生产				
11		更新应收款/应收款收现				
12		按订单交货				
13		产品研发投资				
14		厂房——出售(买转租)/退租/租转买				
15		新市场开拓/ISO资格投资				
16		支付管理费/更新厂房租金				
17		出售库存				
18		厂房贴现				
19		应收款贴现				

续附表 7.8

用户

	原材料/在制品/产品库存台账	1 季度		2 季度		3 季度		4 季度	
20	季度末收入合计								
21	季度末支出合计								
22	季度末数额对账(1 项+20 项－21 项)								
年末	缴纳违约订单罚款								
	支付设备维护费								
	计提折旧								
	新市场/ISO 资格换证								
	结账								

附表 7.9 第 2 年订单登记表

订单号								合计
市场								
产品								
数量								
账期								
销售额								
成本								
毛利								
未售								

附表 7.10 第 2 年产品核算统计表

单位:百万元

	P_1	P_2	P_3	P_4	合计
数量					
销售额					
成本					
毛利					

附表7.11　第2年综合管理费用明细表

项目	金额	备注
管理费		
广告费		
设备维护费		
损失		
租金		
转产费		
市场准入开拓		□本地　　□区域　　□国内　　□亚洲　　□国际
ISO资格认证		□ISO 9000　　　　□ISO 14000
产品研发		P_1(　)　P_2(　)　P_3(　)　P_4(　)
信息费		
合计		

附表7.12　第2年利润表

项目	上年数	本年数
销售收入		
直接成本		
毛利		
综合费用		
折旧前利润		
折旧		
支付利息前利润		
财务费用		
税前利润		
所得税		
净利润		

附表7.13　第2年资产负债表

项目	期初数	期末数	项目	期初数	期末数
现金			长期负债		
应收款			短期负债		

续附表 7.13

项目	期初数	期末数	项目	期初数	期末数
在制品			应交所得税		
产成品				—	—
原材料				—	—
流动资产合计			负债合计		
厂房			股东资本		
生产线			利润留存		
在建工程			年度净利		
固定资产合计			所有者权益合计		
资产总计			负债和所有者权益总计		

附表 7.14 第 3 年经营记录表

用户

操作顺序	请按顺序执行下列各项操作。各总监在方格中填写原材料采购/在制品/产品出库及入库情况。其中:入库数量为"+",出库数量为"-"。季度末入库合计为"+"数据相加,季度末出库合计为"-"数据相加。				
年初	新年度规划会议				
	参加订货会/登记销售订单				
	制订新年度计划				
	支付应付税				
	支付长贷利息				
	更新长贷/长贷还款				
	申请长贷				
	原材料/在制品/产品库存台账	1季度	2季度	3季度	4季度
1	季度初盘点(请填数量)				
2	更新短贷/短贷还本付息				
3	申请短贷				
4	原材料入库/更新原料订单				
5	下原料订单				
6	购买/租用——厂房				
7	更新生产/完工入库				

续附表 7.14

	原材料/在制品/产品库存台账	1 季度	2 季度	3 季度	4 季度
8	新建/在建/转产/变卖——生产线				
9	紧急采购原料(随时进行)				
10	开始下一批生产				
11	更新应收款/应收款收现				
12	按订单交货				
13	产品研发投资				
14	厂房——出售(买转租)/退租/租转买				
15	新市场开拓/ISO 资格投资				
16	支付管理费/更新厂房租金				
17	出售库存				
18	厂房贴现				
19	应收款贴现				
20	季度末收入合计				
21	季度末支出合计				
22	季度末数额对账(1 项 + 20 项 − 21 项)				
年末	缴纳违约订单罚款				
	支付设备维护费				
	计提折旧				
	新市场/ISO 资格换证				
	结账				

附表 7.15　第 3 年订单登记表

订单号						合计
市场						
产品						
数量						
账期						
销售额						
成本						
毛利						
未售						

附表 7.16　第 3 年产品核算统计表

单位：百万元

	P_1	P_2	P_3	P_4	合计
数量					
销售额					
成本					
毛利					

附表 7.17　第 3 年综合管理费用明细表

项目	金额	备注
管理费		
广告费		
设备维护费		
损失		
租金		
转产费		
市场准入开拓		□本地　　□区域　　□国内　　□亚洲　　□国际
ISO 资格认证		□ISO 9000　　　□ISO 14000
产品研发		P_1(　)　P_2(　)　P_3(　)　P_4(　)
信息费		
合计		

附表 7.18　第 3 年利润表

项目	上年数	本年数
销售收入		
直接成本		
毛利		
综合费用		
折旧前利润		
折旧		
支付利息前利润		
财务费用		
税前利润		

续附表 7.18

项目	上年数	本年数
所得税		
净利润		

附表 7.19 第 3 年资产负债表

项目	期初数	期末数	项目	期初数	期末数
现金			长期负债		
应收款			短期负债		
在制品			应交所得税		
产成品			—	—	—
原材料			—	—	—
流动资产合计			负债合计		
厂房			股东资本		
生产线			利润留存		
在建工程			年度净利		
固定资产合计			所有者权益合计		
资产总计			负债和所有者权益总计		

附表 7.20 第 4 年经营记录表

用户

操作顺序	请按顺序执行下列各项操作。各总监在方格中填写原材料采购/在制品/产品出库及入库情况。其中：入库数量为"＋"，出库数量为"－"。季度末入库合计为"＋"数据相加，季度末出库合计为"－"数据相加。		
年初	新年度规划会议		
	参加订货会/登记销售订单		
	制订新年度计划		
	支付应付税		
	支付长贷利息		
	更新长贷/长贷还款		
	申请长贷		

续附表 7.20

用户 _____

	原材料/在制品/产品库存台账	1 季度	2 季度	3 季度	4 季度
1	季度初盘点(请填数量)				
2	更新短贷/短贷还本付息				
3	申请短贷				
4	原材料入库/更新原料订单				
5	下原料订单				
6	购买/租用——厂房				
7	更新生产/完工入库				
8	新建/在建/转产/变卖——生产线				
9	紧急采购原料(随时进行)				
10	开始下一批生产				
11	更新应收款/应收款收现				
12	按订单交货				
13	产品研发投资				
14	厂房——出售(买转租)/退租/租转买				
15	新市场开拓/ISO 资格投资				
16	支付管理费/更新厂房租金				
17	出售库存				
18	厂房贴现				
19	应收款贴现				
20	季度末收入合计				
21	季度末支出合计				
22	季度末数额对账(1 项+20 项−21 项)				
年末	缴纳违约订单罚款				
	支付设备维护费				
	计提折旧				
	新市场/ISO 资格换证				
	结账				

附表 7.21　第 4 年订单登记表

订单号								合计
市场								
产品								
数量								
账期								
销售额								
成本								
毛利								
未售								

附表 7.22　第 4 年产品核算统计表

单位：百万元

	P_1	P_2	P_3	P_4	合计
数量					
销售额					
成本					
毛利					

附表 7.23　第 4 年综合管理费用明细表

项目	金额	备注
管理费		
广告费		
设备维护费		
损失		
租金		
转产费		
市场准入开拓		□本地　□区域　□国内　□亚洲　□国际
ISO 资格认证		□ISO 9000　　□ISO 14000
产品研发		P_1(　)　P_2(　)　P_3(　)　P_4(　)
信息费		
合计		

附表7.24 第4年利润表

项目	上年数	本年数
销售收入		
直接成本		
毛利		
综合费用		
折旧前利润		
折旧		
支付利息前利润		
财务费用		
税前利润		
所得税		
净利润		

附表7.25 第4年资产负债表

项目	期初数	期末数	项目	期初数	期末数
现金			长期负债		
应收款			短期负债		
在制品			应交所得税		
产成品			—	—
原材料			—	—
流动资产合计			负债合计		
厂房			股东资本		
生产线			利润留存		
在建工程			年度净利		
固定资产合计			所有者权益合计		
资产总计			负债和所有者权益总计		

附表 7.26　第 5 年经营记录表

用户

操作顺序	请按顺序执行下列各项操作。各总监在方格中填写原材料采购/在制品/产品出库及入库情况。其中:入库数量为"+",出库数量为"-"。季度末入库合计为"+"数据相加,季度末出库合计为"-"数据相加。					
年初	新年度规划会议					
	参加订货会/登记销售订单					
	制订新年度计划					
	支付应付税					
	支付长贷利息					
	更新长贷/长贷还款					
	申请长贷					
	原材料/在制品/产品库存台账	1 季度		2 季度	3 季度	4 季度
1	季度初盘点(请填数量)					
2	更新短贷/短贷还本付息					
3	申请短贷					
4	原材料入库/更新原料订单					
5	下原料订单					
6	购买/租用——厂房					
7	更新生产/完工入库					
8	新建/在建/转产/变卖——生产线					
9	紧急采购原料(随时进行)					
10	开始下一批生产					
11	更新应收款/应收款收现					
12	按订单交货					
13	产品研发投资					
14	厂房——出售(买转租)/退租/租转买					
15	新市场开拓/ISO 资格投资					
16	支付管理费/更新厂房租金					
17	出售库存					
18	厂房贴现					
19	应收款贴现					

续附表 7.26

	原材料/在制品/产品库存台账	1 季度			2 季度			3 季度			4 季度		
20	季度末收入合计												
21	季度末支出合计												
22	季度末数额对账(1 项 + 20 项 − 21 项)												
年末	缴纳违约订单罚款												
	支付设备维护费												
	计提折旧												
	新市场/ISO 资格换证												
	结账												

附表 7.27 第 5 年订单登记表

订单号									合计
市场									
产品									
数量									
账期									
销售额									
成本									
毛利									
未售									

附表 7.28 第 5 年产品核算统计表

单位:百万元

	P_1	P_2	P_3	P_4	合计
数量					
销售额					
成本					
毛利					

附表7.29 第5年综合管理费用明细表

项目	金额	备注
管理费		
广告费		
设备维护费		
损失		
租金		
转产费		
市场准入开拓		☐本地　　☐区域　　☐国内　　☐亚洲　　☐国际
ISO 资格认证		☐ISO 9000　　　　☐ISO 14000
产品研发		P_1(　) 　P_2(　) 　P_3(　) 　P_4(　)
信息费		
合计		

附表7.30 第5年利润表

项目	上年数	本年数
销售收入		
直接成本		
毛利		
综合费用		
折旧前利润		
折旧		
支付利息前利润		
财务费用		
税前利润		
所得税		
净利润		

附表7.31 第5年资产负债表

项目	期初数	期末数	项目	期初数	期末数
现金			长期负债		
应收款			短期负债		
在制品			应交所得税		

续附表 7.31

项目	期初数	期末数	项目	期初数	期末数
产成品			—	—	—
原材料			—	—	—
流动资产合计			负债合计		
厂房			股东资本		
生产线			利润留存		
在建工程			年度净利		
固定资产合计			所有者权益合计		
资产总计			负债和所有者权益总计		

附表 7.32 第 6 年经营记录表

用户								
操作顺序	请按顺序执行下列各项操作。各总监在方格中填写原材料采购/在制品/产品出库及入库情况。其中:入库数量为"+",出库数量为"-"。季度末入库合计为"+"数据相加,季度末出库合计为"-"数据相加。							
年初	新年度规划会议							
	参加订货会/登记销售订单							
	制订新年度计划							
	支付应付税							
	支付长贷利息							
	更新长贷/长贷还款							
	申请长贷							
	原材料/在制品/产品库存台账	1 季度		2 季度		3 季度		4 季度
1	季度初盘点(请填数量)							
2	更新短贷/短贷还本付息							
3	申请短贷							
4	原材料入库/更新原料订单							
5	下原料订单							
6	购买/租用——厂房							
7	更新生产/完工入库							
8	新建/在建/转产/变卖——生产线							

续附表 7.32

	原材料/在制品/产品库存台账	1 季度			2 季度			3 季度			4 季度		
9	紧急采购原料(随时进行)												
10	开始下一批生产												
11	更新应收款/应收款收现												
12	按订单交货												
13	产品研发投资												
14	厂房——出售(买转租)/退租/租转买												
15	新市场开拓/ISO 资格投资												
16	支付管理费/更新厂房租金												
17	出售库存												
18	厂房贴现												
19	应收款贴现												
20	季度末收入合计												
21	季度末支出合计												
22	季度末数额对账(1 项 +20 项 -21 项)												
年末	缴纳违约订单罚款												
	支付设备维护费												
	计提折旧												
	新市场/ISO 资格换证												
	结账												

附表 7.33 第 6 年订单登记表

订单号									合计
市场									
产品									
数量									
账期									
销售额									
成本									
毛利									
未售									

附表 7.34　第 6 年产品核算统计表

单位:百万元

	P_1	P_2	P_3	P_4	合计
数量					
销售额					
成本					
毛利					

附表 7.35　第 6 年综合管理费用明细表

项目	金额	备注
管理费		
广告费		
设备维护费		
损失		
租金		
转产费		
市场准入开拓		□本地　　□区域　　□国内　　□亚洲　　□国际
ISO 资格认证		□ISO 9000　　　　□ISO 14000
产品研发		P_1(　) P_2(　) P_3(　) P_4(　)
信息费		
合计		

附表 7.36　第 6 年利润表

项目	上年数	本年数
销售收入		
直接成本		
毛利		
综合费用		
折旧前利润		
折旧		
支付利息前利润		
财务费用		
税前利润		

续附表 7.36

项目	上年数	本年数
所得税		
净利润		

附表 7.37　第 6 年资产负债表

项目	期初数	期末数	项目	期初数	期末数
现金			长期负债		
应收款			短期负债		
在制品			应交所得税		
产成品			—	—	—
原材料			—	—	—
流动资产合计			负债合计		
厂房			股东资本		
生产线			利润留存		
在建工程			年度净利		
固定资产合计			所有者权益合计		
资产总计			负债和所有者权益总计		

附表 7.38　生产计划及采购计划编制（1~3 年）

生产线		第 1 年				第 2 年				第 3 年			
		1Q	2Q	3Q	4Q	1Q	2Q	3Q	4Q	1Q	2Q	3Q	4Q
1	产品												
	材料												
2	产品												
	材料												
3	产品												
	材料												
4	产品												
	材料												
5	产品												
	材料												

续附表 7.38

生产线		第1年				第2年				第3年			
		1Q	2Q	3Q	4Q	1Q	2Q	3Q	4Q	1Q	2Q	3Q	4Q
6	产品												
	材料												
7	产品												
	材料												
8	产品												
	材料												
合计	产品												
	材料												

附表 7.39 生产计划及采购计划编制(4~5年)

生产线		第4年				第5年				第6年			
		1Q	2Q	3Q	4Q	1Q	2Q	3Q	4Q	1Q	2Q	3Q	4Q
1	产品												
	材料												
2	产品												
	材料												
3	产品												
	材料												
4	产品												
	材料												
5	产品												
	材料												
6	产品												
	材料												
7	产品												
	材料												
8	产品												
	材料												
合计	产品												
	材料												

附表7.40 第1年采购登记表

1年	1Q				2Q				3Q				4Q			
原材料	1	2	3	4	1	2	3	4	1	2	3	4	1	2	3	4
订购数量																
采购入库																
1年	1Q				2Q				3Q				4Q			
原材料	1	2	3	4	1	2	3	4	1	2	3	4	1	2	3	4
订购数量																
采购入库																

附表7.41 第2年采购登记表

2年	1Q				2Q				3Q				4Q			
原材料	1	2	3	4	1	2	3	4	1	2	3	4	1	2	3	4
订购数量																
采购入库																
2年	1Q				2Q				3Q				4Q			
原材料	1	2	3	4	1	2	3	4	1	2	3	4	1	2	3	4
订购数量																
采购入库																

附表7.42 第3年采购登记表

3年	1Q				2Q				3Q				4Q			
原材料	1	2	3	4	1	2	3	4	1	2	3	4	1	2	3	4
订购数量																
采购入库																
3年	1Q				2Q				3Q				4Q			
原材料	1	2	3	4	1	2	3	4	1	2	3	4	1	2	3	4
订购数量																
采购入库																

附　录

附表 7.43　第 4 年采购登记表

4 年	1Q				2Q				3Q				4Q			
原材料	1	2	3	4	1	2	3	4	1	2	3	4	1	2	3	4
订购数量																
采购入库																
4 年	1Q				2Q				3Q				4Q			
原材料	1	2	3	4	1	2	3	4	1	2	3	4	1	2	3	4
订购数量																
采购入库																

附表 7.44　第 5 年采购登记表

5 年	1Q				2Q				3Q				4Q			
原材料	1	2	3	4	1	2	3	4	1	2	3	4	1	2	3	4
订购数量																
采购入库																
5 年	1Q				2Q				3Q				4Q			
原材料	1	2	3	4	1	2	3	4	1	2	3	4	1	2	3	4
订购数量																
采购入库																

附表 7.45　第 6 年采购登记表

6 年	1Q				2Q				3Q				4Q			
原材料	1	2	3	4	1	2	3	4	1	2	3	4	1	2	3	4
订购数量																
采购入库																
6 年	1Q				2Q				3Q				4Q			
原材料	1	2	3	4	1	2	3	4	1	2	3	4	1	2	3	4
订购数量																
采购入库																

参考文献

［1］ 何晓岚,金晖.ERP沙盘模拟实训课程体系:商战实践平台指导教程［M］.北京:清华大学出版社,2012.

［2］ 周云.采购成本控制与供应链管理［M］.北京:机械工业出版社,2014.

［3］ 郭大伟.企业运营综合模拟实验教程［M］.上海:立信会计出版社,2014.

［4］ 刘斌.企业运营管理实训［M］.北京:中国财政经济出版社,2008.

［5］ 张莉,章刘成.企业运营模拟与竞争实训教程［M］.北京:科学出版社,2014.

［6］ 林光.企业运营模拟实验实训教材［M］.北京:科学出版社,2012.

［7］ 林建英.商战沙盘模拟企业经营实训教学探索［J］.科学与财富,2015(7):30-32.

［8］ 贾宝娣,出版源 企业沙盘模拟经营对抗赛的认识与思考——以"商战实训平台"为例［J］.电子商务,2015(1):82-83.

［9］ 王新玲,赵建新 ERP沙盘企业信息化综合实训［M］.北京:清华大学出版社,2009.

［10］ 邹宇杰.ERP沙盘模拟实训课程教学初探［J］.科教导刊:电子版,2014(12):48-49.